漫谈弟子规

索达吉堪布 述著

陕西新华出版 三秦出版社

果麦文化 出品

如红莲绽放般的圣地喇荣,坐落着世界瞩目的喇荣五明佛学院,创始人是索达吉堪布的根本上师——法王如意宝晋美彭措。

在炉霍草原上讲法,
希望大家秉持佛法正见,传承藏文化。

自序

我很喜欢《弟子规》。

根据藏传佛教的传统,学习和讲解一部论典需要传承,但《弟子规》我是自学的,没有传承,感觉内容好就学了一遍。这里面讲的不是佛法,但与佛教不相违,可以帮我们完善人格,很值得学。

过去传统上我们最重视人的教育,《弟子规》作为古人的启蒙读物,孩子们从这一本书里便奠定了人生基础。但遗憾的是,在从前的一段时间中,传统文化一度遭受严重打击,以致后面成长起来的一代与这种理念无缘,因而内在也少了些根基。

我曾问过许多年轻老师:"你学过孔孟之道吗?"

回答全是一样的——"没有"。

既然这些传统在老师那里都是生疏的,更不要说学生或其他人了。可能我们太重视物质进步,忽视了心灵继承。今天的人们很多都不太知道怎么孝顺父母、怎么诚实守信,那就有必要提醒大家:其实我们有好传统,接受它就可以。孔孟之道里没有佛教的轮回思想,没有菩提心、空性以及如来藏的甚深教言,但在为人处世、待人接物方面,讲得确实好。

许多人以为《弟子规》只是给小孩子学的，成年人没必要学，佛教徒没必要学，出家人更没必要学。没错，古代是如此，但古代孩子所受的教育、所具有的德行，今天我们这些大人有吗？不见得。没有，那就是孩子，就要学，诚如《戒律花鬘论》所说："不知理，六十岁也如孩童。"我们大，是大在年龄上，如果道德学问不是那么踏实，甚至一片空白，为什么不学呢？

而且，大人学了，才有资格引导孩子。学校重视分数也就罢了，做家长的必须要给孩子补上德育课程，否则，孩子的智慧你放心吗？没有德行，智慧又依靠什么成长？

还有人想："那我们出家人不用学吧，这是世间学问，又是童蒙教育，我都看破了、出家了，何必学呢？"

出家了，人做不好的话，即使待在僧团里，也不会守规矩的，要发心利他更难，要成佛，那太遥远了。

所以，我的建议是，人人都要学《弟子规》。小孩子要学，大人也要学，在家人要学，出家人也要学。这本《漫谈弟子规》就是我为每一个人写的。在这里面，我除了从字面上做简单解释外，还借用了世间的故事和格言、佛教的公案和教证，来印证它所阐述的道理。

我认为，《弟子规》及其背后的传统智慧不会过时，即使是在当今互联网时代。因为它讲的是如何做人，这些最根本的东西，只要是人，就一定离不开，不管是古人还是今人。犹如一棵树的根，上面的枝枝叶叶长成什么样都可以，常换常新也可以，但是树根不能动。这棵树长得越大、时间越久远，就越要重视根的力量。

《弟子规》的内容，就是人的树根、时代的树根。掌握了它，比熟悉什么技术都管用，它能让你懂得如何说话、如何做事，如何管理事业、如何经营家庭，如何与各色人交往、如何远离各种现代病……

尤其对汉族人来讲，这些道理并不陌生，它是你骨子里的文化DNA，从父母长辈身上常会看到它的影子。毫无疑问，这是一大笔财富，而且与生俱来，不能轻视。

我作为一个藏族人，以前对汉地的国学文化知之甚少，后来看到这方面的典籍，很吃惊，觉得许多道理非常殊胜，每个人都一定要学。特别是这部《弟子规》，我不但自己学、给别人讲，还把它翻译成藏文，推荐给藏地的大人和孩子。

当然，《弟子规》也不是学问的全部，有了它全有、离了它全无，没有这种高度。它是一部好论典不假，集中讲述了做人应该有的基本品性和行为，但是，和佛教的胜义世俗理论相比，还是有距离的。有些人推崇孔孟之道，认为儒教思想是一切学问之最，甚至学了佛又搁下佛法，觉得有孔孟思想就够了，这显然是不明智的，不了解佛法。

我也看过四书等儒教经典，今生的道理讲得是好，但对缘起、业因果、前世后世以及宇宙人生的真理，我详细看过了，没有提及；禅宗的悟道、见性成佛，更没有。所以，不能把儒教思想跟佛教看成一回事，尤其是学佛的人，不能把这个当全部，用它规范人格行为倒是很好。

在中国的传统文化中，一般认为，儒教入世、道教出世，而佛教是以出世的心入世，这样看来，佛教义理要深刻和包容得多。

为什么学过佛教经论的人，一看道教儒教观点，一目了然？我想，这跟佛教尤为擅长对心的认知有关。有学者指出，儒教的作用是治世，道教修身，而佛教治心。治心就是对治内心的烦恼，这是佛教的特色，能了解如何治心的人，你想想，看修身治世之理，应该不难。

对于有闻思基础的人来说，这些道理好懂；但有些在佛教理论上不是特别专业的人，可能要调整一下认识分寸。

《弟子规》的作者是李毓秀，清朝康熙年间秀才，祖籍山西，清初著名学者和教育家。自学时，我感觉这个人了不起，用语简练，说理准确，同时又蕴含深意。

本论最初名为《训蒙文》，后经贾有仁先生修订，更名为《弟子规》，从此沿用至今。

所谓"弟子"，狭义上是指父母的孩子、老师的学生；而从广义上理解，所有人都可称弟子，佛教徒是三宝弟子、上师的弟子，非佛教徒是老师的弟子，普通人活到老、学到老，永远是弟子。弟子日常的行为规范叫"规"。总之，不论年龄大小，想做个合格的弟子，就要学习本论。

本论只有九十颂，三字一句、两句一韵，读着顺口而且好记，所以最好让孩子每天早上读一遍。

对小孩子来讲，这里面的内容有些好懂，有些不好懂，但没关系，只要先记在心里，将来口言身行，是自己的东西就能用上。能用来帮我们断恶修善的，不论是佛法还是世间格言，我认为，都是善妙之理。

所以,《弟子规》也是佛菩萨的加持。

我在2009年简单讲过一次《弟子规》,近期拿出来重新翻阅,忆起这个时代的种种,又有了一些更深的体会。谁都知道,《弟子规》是儒教经典,而我在此结合了佛教理念进行解读,也许会班门弄斧、贻笑大方,但也许对有些人来说,会带来另一番滋味、另一种启示。

如果你对此感兴趣,可以泡上一杯茶,找个舒服的地方,打开来看看……

藏历木羊年六月初四
释迦牟尼佛初转法轮之吉祥日
2015年7月20日

目录

弟子规（原文）	/001
总叙	/001
入则孝	/007
出则悌	/061
谨	/113
信	/171
泛爱众	/219
亲仁	/265
余力学文	/287
结语	/316

弟子规
（原文）

总　叙

弟子规　圣人训　首孝悌　次谨信
泛爱众　而亲仁　有余力　则学文

入　则　孝

父母呼　应勿缓　父母命　行勿懒
父母教　须敬听　父母责　须顺承
冬则温　夏则清　晨则省　昏则定
出必告　反必面　居有常　业无变
事虽小　勿擅为　苟擅为　子道亏
物虽小　勿私藏　苟私藏　亲心伤

亲所好	力为具	亲所恶	谨为去
身有伤	贻亲忧	德有伤	贻亲羞
亲爱我	孝何难	亲憎我	孝方贤
亲有过	谏使更	怡吾色	柔吾声
谏不入	悦复谏	号泣随	挞无怨
亲有疾	药先尝	昼夜侍	不离床
丧三年	常悲咽	居处变	酒肉绝
丧尽礼	祭尽诚	事死者	如事生

出则悌

兄道友	弟道恭	兄弟睦	孝在中
财物轻	怨何生	言语忍	忿自泯
或饮食	或坐走	长者先	幼者后
长呼人	即代叫	人不在	己即到
称尊长	勿呼名	对尊长	勿见能
路遇长	疾趋揖	长无言	退恭立
骑下马	乘下车	过犹待	百步余
长者立	幼勿坐	长者坐	命乃坐
尊长前	声要低	低不闻	却非宜
进必趋	退必迟	问起对	视勿移
事诸父	如事父	事诸兄	如事兄

谨

朝起早　夜眠迟　老易至　惜此时
晨必盥　兼漱口　便溺回　辄净手
冠必正　纽必结　袜与履　俱紧切
置冠服　有定位　勿乱顿　致污秽
衣贵洁　不贵华　上循分　下称家
对饮食　勿拣择　食适可　勿过则
年方少　勿饮酒　饮酒醉　最为丑
步从容　立端正　揖深圆　拜恭敬
勿践阈　勿跛倚　勿箕踞　勿摇髀
缓揭帘　勿有声　宽转弯　勿触棱
执虚器　如执盈　入虚室　如有人
事勿忙　忙多错　勿畏难　勿轻略
斗闹场　绝勿近　邪僻事　绝勿问
将入门　问孰存　将上堂　声必扬
人问谁　对以名　吾与我　不分明
用人物　须明求　倘不问　即为偷
借人物　及时还　后有急　借不难

信

凡出言　信为先　诈与妄　奚可焉

话说多　不如少　惟其是　勿佞巧
奸巧语　秽污词　市井气　切戒之
见未真　勿轻言　知未的　勿轻传
事非宜　勿轻诺　苟轻诺　进退错
凡道字　重且舒　勿急疾　勿模糊
彼说长　此说短　不关己　莫闲管
见人善　即思齐　纵去远　以渐跻
见人恶　即内省　有则改　无加警
唯德学　唯才艺　不如人　当自砺
若衣服　若饮食　不如人　勿生戚
闻过怒　闻誉乐　损友来　益友却
闻誉恐　闻过欣　直谅士　渐相亲
无心非　名为错　有心非　名为恶
过能改　归于无　倘掩饰　增一辜

泛爱众

凡是人　皆须爱　天同覆　地同载
行高者　名自高　人所重　非貌高
才大者　望自大　人所服　非言大
己有能　勿自私　人所能　勿轻訾
勿谄富　勿骄贫　勿厌故　勿喜新
人不闲　勿事搅　人不安　勿话扰

人有短　切莫揭　人有私　切莫说
道人善　即是善　人知之　愈思勉
扬人恶　即是恶　疾之甚　祸且作
善相劝　德皆建　过不规　道两亏
凡取与　贵分晓　与宜多　取宜少
将加人　先问己　己不欲　即速已
恩欲报　怨欲忘　报怨短　报恩长
待婢仆　身贵端　虽贵端　慈而宽
势服人　心不然　理服人　方无言

亲仁

同是人　类不齐　流俗众　仁者希
果仁者　人多畏　言不讳　色不媚
能亲仁　无限好　德日进　过日少
不亲仁　无限害　小人进　百事坏

余力学文

不力行　但学文　长浮华　成何人
但力行　不学文　任己见　昧理真
读书法　有三到　心眼口　信皆要

方读此　勿慕彼　此未终　彼勿起
宽为限　紧用功　工夫到　滞塞通
心有疑　随札记　就人问　求确义
房室清　墙壁净　几案洁　笔砚正
墨磨偏　心不端　字不敬　心先病
列典籍　有定处　读看毕　还原处
虽有急　卷束齐　有缺坏　就补之
非圣书　屏勿视　蔽聪明　坏心志
勿自暴　勿自弃　圣与贤　可驯致

总叙

弟子规 圣人训

《弟子规》是圣人的教诲。

圣人，狭义上是指儒教的创始人孔子，广义上则指所有圣贤和高僧大德。这些圣人的教诲虽然一度被否定过，但却没有被历史淹没，当仁人志士看到并反思社会的各种现象时，便强烈呼吁恢复传统。而这也得到了国际上有见识的学者支持，英国汤因比博士就说："要解决21世纪的社会问题，一定要借助孔孟学说和大乘佛教。"

我希望大家明白，我们的确需要圣者的教言。

凡夫的语言表面上有趣、吸引人，但你去学，又学不到东西，说不定还会伤害自己，所以本论教诫说："非圣书，屏勿视，蔽聪明，坏心志。"

做人和学佛一样，进步不容易，很多时候要从这些"小地方"留心，千万不要以为看看无妨。现在杂书多，流行的歌曲和视频也多，你看了，就被染污了。本来还挺聪明的，现在变笨了；本来很有志向的，现在变脆弱了。所以，要在点点滴滴上注意，否则积重难返，到了一定的时候，就再也不会对圣人的教诲感兴趣了。

　　这部《弟子规》依据孔子的教言展开。《论语·学而》这段话——"弟子入则孝，出则悌，谨而信，泛爱众，而亲仁，行有余力，则以学文"，是它的总纲。

首孝悌　次谨信
泛爱众　而亲仁
有余力　则学文

　　《弟子规》一共七个主题：首先是孝、悌，之后是谨、信，泛爱众、亲仁，最后是余力学文。

　　"入则孝"。中国古代对孝是相当重视的，所谓"百善孝为先""求忠臣必于孝子之门"，判断一个人是否有品性、有出息，首先看他孝不孝。

　　"出则悌"。悌就是友爱兄弟姐妹。"孝"字是上"老"下"子"，意为做子女的要顶戴、敬养父母；"悌"字是左"心"右"弟"，表示哥哥心中有弟弟。很形象。

　　"谨"。为人处世小心谨慎、认真对待，不肆意妄为，不敷衍了事，这类似佛教里的以正知正念守护根门。

　　"信"。诚实守信，做事、说话乃至起心动念全都实实在在，不虚伪、不欺诈。

　　"泛爱众"。普遍广泛地爱天底下所有人，用佛教的话说，就是以慈悲心关爱一切众生。

"亲仁"。亲是亲近、依止，仁是有德之人，要亲近善知识或德高望重的人。

"余力学文"。以上六点做好了，如果还有多余的时间和精力，可以学习六艺等各类有益的学问。

先有德，后有才

从这个总叙我们看到，古人重德。所谓德才兼备，也是先有德，后有才，德培养得差不多了，才开始学文。

但今天好像是反的，很多人重才轻德，家长老师们只看分数，能学、能记、能考就是好孩子、好学生，至于言语行为如何，没人理会。这样等孩子长大了，也许会有才气、有才干，但做人不一定行。学历不低，学校名气也不小，但一做事就缺东西，不会沟通，不为别人着想，接触两下便暴露不少问题。所以，还是要学学传统。

其实有了德，再有才是不难的。

小时候我有两家亲戚，现在回想起来，一家似乎总是在吵架，父母打孩子，孩子也互相打骂，一进帐篷就闹哄哄的，两个大人、十几个孩子，打骂声，哭喊声，让人待不下去。还有一家，孩子没有那么多，六个，但父母很慈悲，给他们讲道德，而他们之间也从不打架。

后来的结果正好印证了这些古训：前一家的孩子没一个有出息的，连生活都困难；而后一家的孩子全都成了才，在家的对社会作出贡献，出家的修行有成。

所以，我希望今天的家教里，一定要重视德育。

董遇"三余"读书

德具备了，有余力的，可以学习知识、增长才能。

东汉时有个叫董遇的人，以打柴为生，清苦度日，但他好学，一有空就读书。哥哥经常讥笑他，他并不在意，勤学不辍，有了大学问。后来写出两本好书，出了名。

有人请董遇去讲学，他不肯，只是告诉来人："读书百遍，其义自见。"那人说没有时间，董遇便教他用"三余"读书：冬天是一年之余；晚上是一天之余；雨天是平日之余。话一传开，人们知道董遇有学问，都来求学了。

我看今天的人也不太爱读书，说太忙了，其实也是借口，没那么忙吧。肯学的话，早晚还是有时间的。

那古人都学些什么呢？学六艺——《周礼》中讲的礼、乐、射、御、书、数，也就是礼节、音乐、射箭、驾车、书法和算术。而根据佛教观点，《经庄严论》《萨迦格言》都认为，菩萨有能力时，还要精通十明等一切学问。当然，这都是在有了德之后才学的。

开头我讲了，这次讲解会补充一些佛教道理。其必要性在于，一方面，《弟子规》和佛教都是传统文化；另一方面，我们对生命的认识，过去也好，现在也好，就是短短几十年这么一段，没有长远的理念，太有限了。而当你开始相信前世后世、业因果，并关注长远的生命意义，或许会领悟到：原来所有的道德传统，都可以为我们带来更为深刻的利益。

以上是总叙，涵摄了整部论典的全部内容。

入则孝

> 父母呼 应勿缓
> 父母命 行勿懒

父母叫你,要赶紧应一声,不能慢吞吞的;让你做什么,也应该马上做,不能懒惰。

这些行为看似简单,不就是应一声、马上做吗?但里面有很深的道理。我们都是从孩提时代走过来的,但那时候,是不是父母一呼唤,就恭敬地应一声,让做什么做什么?恐怕不是。而今天的独生子女,一家人都顺着自己,更难得有这种概念。有些人叫多少声都不肯应,不耐烦了,就来一句:"干吗?"

这会让父母很难过。而且,父母叫都不应,那以后对同学同事,更不会尊重回应了。

所以,儿时的教育很重要,一个人的修养很多是在这个时候形成的。也如我前面所说,从小不懂这些的话,不管现在是什么岁数,都应该学。学了可以教教孩子,也可以留心一下自己的行为和态度。

这里讲的不是中观空性,讲那些有的人听不懂,我理解;而这里讲的是做人,没什么不懂的。不论在家出家,既然生活在人世间，就应该遵循人世间的道。我们心里有什么境界，别人看不到。但在平常交往中，如果是领导叫，谁都会应，而如果是同事或晚辈呢？这时候一副爱答不理的态度，别人看到会反感的。

现在有人已经意识到，今人在修养方面比不了古人，加之外在环境也复杂，人心较以往更容易受到影响、诱惑和污染。不过我认为，越是在这种时候，越应该学习古人，从点点滴滴上修行。

郯子是春秋时期郯国的国君，也是孔子的老师。郯子的父母上了岁数，患有眼疾，听说鹿乳可以治疗此病，他便披上鹿皮，混入鹿群挤取鹿乳。有一次，猎人把他当成鹿，正要射箭时，他发现了，赶紧站起身来。猎人很诧异，听郯子说出实情，非常感动，想办法为他弄到鹿乳，保护他下了山。

你们看，修行没什么奇特的，孝就是修行。

佛门的孝

或许有人会问："像郯子以及二十四孝中这些感人的孝道事迹，在佛教里有吗？"

有，虚云和尚的事迹更感人。

这是比较近的事了。当年虚云和尚为了报答母恩，从普陀山三步一拜，花了三年时间朝礼五台山；又在阿育王寺拜佛陀舍利，燃指供佛。后来于梦中得知，母亲因为他的精进修行和救拔，已经转生到善趣。

孔子说："生，事之以礼；死，葬之以礼，祭之以礼。"父母在世时，以礼承事；父母去世了，以礼安葬，逢年过节时以礼祭奠。儒教认为，这就是孝。

然而，佛教基于前世后世理念认为，只有让父母彻底离开轮回痛苦，才是孝。诚如莲池大师所说："亲得离尘垢，子道方成就。"父母解脱了，子女才成就孝道。

这种道理，在《大方便佛报恩经》《盂兰盆经》《地藏经》等佛门孝经中，都有详细描述。

更重要的是，在世间做人、出世间修行中，孝不仅是义务，也是人格增上、修行进阶的基础。比如，求生极乐世界的人，佛经讲了几个条件——"孝养父母，奉事师长，慈心不杀，修十善业"，第一个就是孝；而成佛，也离不开孝。佛陀亲口说过："今成得佛，皆是父母之恩。人欲学道，不可不精进孝顺。"

可见，佛门里更重视孝。不过我们佛教徒尽孝，即使不能像虚云和尚那样苦行，也应该以正法为基础。

如佛经中说："饮食及宝，未足报父母之恩。唯导父母向于正法，便为报二亲。"意思是，只供养父母吃穿及财物，报答不了他们的恩情，只有将双亲引入正法，才是真正的报恩。

因此，平常修行时，要记着给父母回向。当然，最好也能劝他们学学佛。

父母教 须敬听
父母责 须顺承

父母有什么教导，要恭恭敬敬地听从；父母有什么责备，要服服帖帖地接受。

如果父母有智慧，讲话也头头是道，那他们说什么，一般子女都会听。但是，如果父母没有学问，他们的话要不要听呢？也要。

子女比父母有学问是正常的，但父母毕竟是父母，我们不能因为读了点书，就自以为是，觉得父母教不了自己。这不是为人子的态度。再说，父母有经验，出于好心说你两句，要好好听，不要嫌唠叨。真正有学问的人，会把父母的话放在心上。

还有，父母的责备也要接受，所谓"爱之深，责之切"，要以此看到自己的错误。

孟子小时候，有一次不想读书，逃学回家。母亲正在织布，看他回来了，就问："还没放学，怎么就回来了？"孟子不敢应声。母亲知道他逃学，就随手把织布机上的梭子折断了。

孟子连忙跪下，问："母亲这是为何？"

孟母说："布是一寸一寸织的，现在梭子断了，织不成了。你也一样，半途而废，不可能成才。"

孟子恍然大悟，再也不敢逃课了。从此他听母亲的教导，发奋求学，继孔圣人之后成为"亚圣"。

所以，父母的话要听。出了家也不例外。

父母是恩田

佛陀时代有一位阿罗汉，父母非常贫穷，他想供养，又不知是否违背戒律，于是去请示佛陀。佛陀召集僧众，开许说："假令出家，于父母处，应须供给。"可见，出家人供养父母，是合乎律制的。

有人学了点中观，就把父母观"空"了，父母说什么都不理不睬,这是不对的。

学了佛就不用孝顺父母了?佛陀没有这么教过。佛陀说,父母是我们的恩田,是严厉对境——你孝顺父母,功德很大;违逆父母,过失也一样大。所以,不是父母有没有学问的问题,一个有教养的人,无论在家或是出家,都要孝顺、恭敬、供养父母。

那出家人这样做,是不是一种执著呢?

是一种执著。就像汉地的懒残和尚,他为养活母亲,甚至典当了袈裟去换米。但结果呢?他的执著不仅没有影响修行,反而让他成就了。

所以,出家人要修慈悲心,就更要孝敬父母,否则就矛盾了。

冬则温 夏则凊

做子女的,要无微不至地照顾父母。冬天冷,不能让他们受寒,要注意保暖;夏天热,要让父母凉快一点。

这里的冬夏,不是说只有这两季,而是指一年四季,也就是说,在任何时候都要照顾好父母。孝顺的孩子,首先会在穿着上保证父母冬暖夏凉。在今天,这种条件对大多数家庭而言都是有的。不过藏地有例外,有的父母在严冬里依然穿夏衣,因为没有厚衣服加;而酷夏里也只能穿那些破烂、笨重的衣服,因为没什么可以换的。

如果我们没有匮乏到这种程度,我觉得,做子女的能够把父母的冷暖、饮食和健康放在心上，嘘寒问暖，并能适时地做些什么，就很孝顺了。

黄香是古代出名的孝子。自九岁那年母亲去世后，他一心照料父亲，并做好所有家务。

到了冬天，黄香总是先钻进被窝，用身体把被褥焐热，再请父亲上床。那时没有别的，只能用身体，现在为父母开开暖气、调调电热毯，也是好的。而到了夏天，黄香总是先把席子扇凉，再请父亲睡下。

因为小小年纪就有这样一颗孝心，所以被赞誉"天下无双，江夏黄香"，并列为"二十四孝"之一。

改一改我们的教育

想一想，我们小的时候，或是长大以后，有没有做过类似的事情？很少吧。尤其是今天的孩子，家里有那么多人宠着，当小公主、小皇帝养着，他们在成长中自然习惯了一件事：别人为我服务是应该的。因而也就很少会为他人着想。

古代的教育不同。古人把家庭当做最好的教育环境，在家里培养孩子的孝悌仁爱，培养孩子不论将来到哪里，都可以自由成长、自在生活的能力。

所以，要改一改我们的教育了。老师也不能只讲知识，可以讲讲黄香的故事。老师讲怎么尊敬父母，父母讲怎么尊敬老师、团结同学，把同学当成兄弟姐妹，彼此就好相处了。

否则，在学校，老师只管上课，一下课，"同学们再见"；在家里，父母只管吃喝，吃过饭，"记着，一定要考第一"。这样的话，人生最美好的时光全都在关心分数，但十几年一过，后面的日子不能只靠分数吧。

我们回顾自己的过去,除了枯燥之外,可能更多的是遗憾:每当听到这些为人处世的基本素养——孝顺、感恩、慈悲,就淡漠得很,怎么也生不起感觉来。小时候就该学的,却没人教。起码该有的恩义、道义、情义,到了这么成熟的年龄,却是空白,怎能不遗憾呢?

虽说一下子补不回来,但总要有个开始。所以,我们要学这些道理,学了之后也教教孩子,改改教育理念。现在就要改,再不然,好传统就断了。大人们补一补课,孩子们从现在开始做,那我们的下一代、再下一代就不会只想着钱了。

晨则省 昏则定

早上起来,先到父母那里问安:"您睡得好吗?早上觉得如何?要我做些什么?"黄昏时也要探望父母,准备好他们需要的东西,侍候他们安睡。

心里有父母,才会有这些孝和敬的行为。

能养还不是孝

过去的人,从上到下,包括皇帝都会这么做,可是现在很多人一长大,心里就没有父母了。有些干脆把老人送进养老院,每月给点钱,还觉得挺孝顺。

其实，没有敬，是谈不上孝的。孔子说："今之孝者，是谓能养。至于犬马，皆能有养，不敬，何以别乎？"他的意思是，有人认为孝就是养，但是，对狗和马也可以养，没有敬，二者有什么差别？

显然，只是能养，还不是孝。

物质上的奉养，一般子女都做得到，比较难的是精神上给以安慰。人老了，通常会感到孤独和寂寞，老是觉得被抛弃了，没人理。这时候，如果子女心里真装着父母，就应该从方方面面关心他们，时时处处顺着、敬着，让父母在晚年的时光里感受到温暖和尊严。

不要忘了我们曾经得到的呵护。刚刚来这个世界时，我们不会吃、不会穿、不会走、不会说，动不动还把屎尿弄到父母身上。但父母从来没有嫌弃我们，而是喂我们吃、给我们穿、扶我们走路、教我们说话，就这样把我们养大了。养大了，还要供我们读书、帮我们成家……这就是我们的父母。现在他们老了，只是给点钱、给点吃的，这么养着，是说不过去的。

敬是可以教的

当然，敬是可以教的。

据历史记载，周文王的母亲在怀他时，"目不视恶色，耳不听淫声，口不出傲言"，他就是在这种胎教下出生的。出生后，文王"生而明圣"，母亲教一，他可以知道一百。等长大成了太子，他很恭敬父母，每天早上起来，都穿戴整齐到父亲那里问安，中午、晚上也是如此。

文王就是在母亲的教导下成长的。

可能我们很多人也关心父母，只是不知道怎么做，因为没人教。从小有人教的话，一路长起来，不管在家里还是外面，对父母、长辈都会有恭敬心。

有恭敬心的人确实不一样，谦卑有礼，举手投足总有一种不同的风范。比如有位教授在演讲前，总是先给在场所有人深深地鞠一躬。他曾说："如果我有傲慢心，腰是弯不下来的。"

这话说得非常在理。傲慢的人不要说鞠躬，让他点点头都很难。所以，有些东西要从小教。

饭桌上就有很多可教的。汉地讲究团圆，一家人围坐在餐桌旁时，有些父母第一个把菜夹到孩子碗里，"宝贝，你吃"。不能这样。要教孩子先对长辈有种恭敬的行为，就像佛教徒"献新"供养三宝一样。你这样做，孩子幼小的心里就会知道，怎么做才是对的。

这种态度很重要。你们可以看看周围，有这种态度的人总是很受欢迎。对今天的人来讲，学习知识、掌握技能不难，唯独这种素质要慢慢培养。而当一个人真正懂得恭敬和感恩时，生存不会有问题，修行也不会有问题。

出必告 反必面

出门时，必须告诉父母自己要去什么地方；回来时，也要当面禀报："我回来了。"

这两句是告诉我们，不要让父母担心。

担心是很难受的。做子女的可能不知道，尤其是年轻人，想走就走，去哪儿也不说。但父母几天见不到人，就开始担心了："这是去哪儿了？是不是出事了？"他们真的会想很多。

孩子的心不一样，"母心如水，子心如石"，孩子的心硬得像块石头，不会想那么多。父母会不会惦记着？他不管。但父母那种担心又停不下来，都七八十岁，孩子也很大的人了，本来没什么可担心的，但就是不行。

总是担心，担心了一辈子。

所以，出去回来要打个招呼，这也是孝，让父母心里踏实。有时太无所谓，也有失礼道。

出家是例外

不过，出家是个例外。父母不信佛，你直接说要出家，那可能永远没机会了。这时候要自己决定。相信华智仁波切的话：出家的路是正确的，你不必问父亲，也不必跟母亲商量，要坚决地远离红尘，前往寂静之地。

在这种时刻，牵挂反倒是障碍。当你了解生命的无常和生死长远，宁愿舍弃俗世去过修行生活时，就不能顾忌太多。我们看到，沉迷于世俗琐事的人，乐此不疲也好，苦中作乐也好，没有点觉悟，是永远放不下的。所以，该放下的时候要放下。

再说，出家也是一条人生之路。

在这条路上，和一般人理解的孤独或束缚相反，很多修行人通过修行，找到了修行之乐：心胸开放、身心自在，花开花落、去留无意，"春有百花秋有月，夏有凉风冬有雪，若无闲事挂心头，便是人间好时节"。

其实我们也不必担心父母。如果我们做坏事，那是对父母的伤害；但我们是在修行善法，没有把生命浪费在错误和庸俗当中，没有对不起父母。而且，一旦修行上达到了一种了无牵挂同时又满怀慈悲的境界，那时候，即使你没有天天跑到父母跟前，说你要去哪儿、你回来了，没有在父母身边尽孝，也是真正的大孝。

为什么呢？因为出家的功德很大。

黄檗禅师说："一子出家，九族生天。"这种认识在古代的汉地是有的，当然藏地一直都有。在藏地，如果哪一家里有了一个出家人，大家都会认为是这一家人的福报，而这家人自己也觉得光荣："你看，我们儿子出家了，我们女儿是觉姆。"到处去说。

但今天的汉地正好相反，儿子明明出家了，父母却说他在什么什么有限公司上班，他出国了……

在家人"游必有方"

当然，作为在家人，还是要遵循世间的规矩。

在古代，一般父母在的时候，子女都不能去很远的地方。这方面聂政是典范。聂政是个侠士，但为了照顾母亲，朋友让他帮忙杀仇人，他没有去。后来母亲去世了，他安葬好母亲，便帮朋友报仇去了。

所以孔子说："父母在，不远游，游必有方。"

要现在人"不远游"是不现实的，但"游必有方"，告诉父母你的方向、你在哪儿，是应该的。不要欺骗他们，明明在南方，偏偏说东北。

其实父母也不担心别的，除非你喜欢惹是生非，他们会担心你在外面打架，是不是受伤了？如果你品行过得去，"父母唯其疾之忧"，父母不担心别的，就只担心你是不是生病了。父母都是这样，一生的牵挂都在孩子身上。

现在想来，我弟弟倒是做到了"游必有方"。每次去成都时，一路给母亲打电话："我到马尔康了""现在到米亚罗了""到汶川了"……我劝他："你说到哪儿了，母亲也不知道是哪儿，还不如到成都说一声就可以。"但他习惯了。回来的路上也是那样："我现在到汶川了""我到马尔康了""到色尔坝了"……

这方面我不如弟弟。甚至有出家人问我可不可以回去看看父母，我都狠心地说："《札嘎山法》里不是讲过，父母亲人当你死了，是最好的。好好修行吧。"

一方面是这样，出家人有出家人的做法。以前在家时，本应好好照顾父母的，但当时只顾事业，也没怎么照顾，现在回去了，未必就能做些什么。不过，另一方面，父母知道你出家了，偶尔打个电话说说自己的情况，让他们放心，也是有必要的。

居有常　业无变

一个人居住的地方应该比较固定，不要变来变去；所从事的事业也应该专一，不应换来换去。

住处就是住处，是你的家，不能说一会儿住北京，一会儿住上海，一会儿住乡下，一会儿住城市……只要没有特别需要，就在一个地方住下来，稳稳当当的，尽量不动。

这种稳定性很重要。

出家人也一样，在一个道场待得越久越好，能待住，也说明你有一分功夫、一分成就在那里。否则，还没学到什么，就东南西北跑来跑去，不太好。

有个人刚来我这里时，我问他的经历。他说："我在邮局待过三年，老师当了一年，医生做了两年，然后进某佛学院读了一年半，南方某寺院住了两年，西边某寺院待了仨月，东边某寺院住了五个月……然后，就到这里来了。"

我都晕了，这是什么样的人生啊！我心想，那你在这里能不能待上半年呢？结果，一个月后他就走了。

稳重才有成就

其实我们来到世间，是为了完成我们的学业、事业或道业的。你是在家人，谨慎选择你的事业，选定了，就一辈子从事那个事业，把它做好；你是修行人，修显修密都可以，选好宗派、道场，就在那里完成你的道业。

我们记住，哪一条路都不好走，哪一件事都不容易做，所以没必要变来变去，变多了，只是平添困难而已。只有让自己的心稳定、人稳重，才会有所成就。

其实修行和做事一样。比如念诵，你在这位上师面前学到一个仪轨，念一年半载，厌倦了，舍弃；再到另一位上师面前求一个，念一念，又舍弃……这样的修行，你们想想也知道，是很难见到什么成果的。

再比如发心，你在某个道场服务，或为佛教做事，这无疑是有益的，而且有很大的功德。但时间不能太短。我的经验让我看到，这种付出不仅可以为你将来的修行铺路，对你的心性也是一种磨炼。

所以，不要动不动就退。遇着点问题马上换部门，今天这儿、明天那儿，问题好像解决了，实际上还在。不如沉下心来，做久一点。人生是很短的，只要你能把一件事做好，很多问题可以解决，同时也能积累起广大资粮。

这就是稳重的意义，《二规教言论》很强调这一品性。

几天前我翻了一下八年前的电话簿，发现有许多我熟悉的学佛人都变了，心态变了，见解变了，修行变了……很可惜。那么好的法门，你遇着了，那时候学它，今天学它，二十年后乃至一辈子学它，都够了，何必要变呢？一门深入不是很好吗？

当然，一门深入也不是只看一部经典、只学一个法，但根本的东西必须抓住，这个不能变。

这方面我好像还可以，其他的谈不上，二十多年前我念诵的功课，到现在还是天天在念。也算稳重吧。

事虽小　勿擅为
苟擅为　子道亏

事情虽小，但也不要自作主张去做，如果做了，就会有损

子女的本分。

有事问问父母是对的。不仅是小时候，长大了，也不要因为有点知识就瞧不起父母，认为他们什么都不懂，没学问，老糊涂。其实老人经验丰富，道德上也有厚度，有什么抉择不了的，向他们请教，会得到好的建议。

佛陀在《善生经》里教诫："凡有所为，先白父母。"意思就是这个：你要做什么的时候，先禀告父母。

很多人对此很有经验，有些事情，只要肯听父母教导，一般不太会吃亏，相反，"不听老人言，吃亏在眼前"。

"老人走过的桥，比我们走的路多；老人吃过的盐，比我们吃的饭多"，不要轻视这种民间说法，我想，它之所以能流传下来，一定饱含着许多教训和共识。

再说，我们年轻，诚恳表达敬意，从老人走过的路、经过的事、吃过的苦中获取指点，又有什么不好呢？

防小错

比如，老人会教你从小处着眼，防小错。

我们常会犯小错，认为这件事没什么，然后就去做，没想到后果那么严重，甚至影响到前途。所以，当老人告诉你不要做这个、不要做那个的时候，要好好听，因为这是他从生活细微认识中积累的经验。

有智慧的人才懂这些。佛陀最有智慧，而他在《贤愚经》里也说："莫想诸罪微，无害而轻视。"你不要以为那些罪业轻微，不会有害，就轻视它。轻视不得。

刘备离世前给阿斗的教言也是一样——"勿以恶小而为之，勿以善小而不为，惟贤惟德，能服于人。"刘备说，你不要以为这个罪业小，就去做；也不要以为那个善业小，就不去做。要知道，只有把这些小事谨慎做好，才能增长贤明和道德，让人信服。

由此我认为，生活中很重要的一部分就是求知，尤其是向那些有智慧的老人、上师们请教，肯定有益。

物虽小 勿私藏
苟私藏 亲心伤

东西虽小，但也不要私自藏起来，如果你私藏了，父母知道后肯定会伤心、难过。

小的东西虽然不起眼，但它是公是私，是别人的还是自己的，总分得清。不是自己的，随便拿、随便用，就不对了。事情说起来不大，但习气可怕。小时候拿铅笔、本子，习惯了，长大了就会拿大的财物；工作时拿公款、公物，出了家，说不定还会拿僧众财物。

可能在这种人的概念里，公家或常住的东西本来就是可以拿的，认为也没什么，反正这么小、这么少。

但这是不是你的？不是，怎么能拿呢？特别是僧众财物，即使很小，如果你偷偷拿走，就不仅是品德问题了，它的果报非常可怕。我们学过业因果的都知道，一旦造了这种罪，必将生生世世堕在恶趣，不能解脱。

止恶习

所以，做人或修行，最重要的就是制止恶习。

有人到了朋友家里，看中一个碗，藏着掖着拿走了。朋友也许不执著，但心里总归不舒服。说借吧，不是，你没打招呼，也没还；说偷吧，也不算，就那么拿走了。很麻烦。

直接开口反而要好一点，你就说："这个我喜欢，能不能送给我？"这样人家会给的，或至少是能接受的。

否则，往小了说，是人格问题；往大了说，这种恶习不改的话，那你将来在这方面还是会出问题的。

张乖崖是北宋时期人，做崇阳县令时，有一次发现一名小官偷了一枚钱，下令惩罚。问起惩罚原因，他说："一日一钱，千日一千，绳锯木断，水滴石穿。"

他的话很有道理：小钱积多了，就成了大钱，就像用绳子也能锯断木头、水滴也能穿破石头一样。

因此，如果父母发现孩子有类似恶习时，不要忽视，要制止并帮他改过来，这样他的道德才会进步。

可能有人觉得这样很强制，孩子不自由。但实际上，如果父母有远见，也懂得善巧，严格而有智慧地调教，会将孩子引入一条自发向善的成长之路。换句话说，当孩子因为有了相当的道德底蕴，进而形成很强的自我反省能力时，他以后的路，你就不用操心了。

相反，如果你没有为孩子深深植下道德之根，当他将来进入社会后，即使有些智慧，也很难施展。更不幸的是，如果智慧施展到错误方向上，他的人生就毁了，不仅会伤害自己，还会伤害身边的人。

教育的目的

所以我认为，今日社会的教育，重点仍在人格。

古人讲究"非礼勿视、非礼勿听、非礼勿言、非礼勿动"，但今天的人对"非礼"的东西最感兴趣，一定要看、要听、要说、要做，于是社会呈现种种乱象。当然，已经是这副样子了，很难改。要改，也只能从教育入手。

那要教些什么呢？古代的教育理念中，老师教的、学生学的，无非是使人为善，让人变得善良。

《说文解字》中说："育，养子使作善也。"父母或老师培养孩子的目标，是让他向善，让他行善。

《礼记·学记》中说："教也者，长善而救其失者也。"古人认为，学子容易犯四种过失：要么贪多不化，要么得少为足，要么轻视所学，要么畏难不进。而教学的目的，就是要增长学子的长处，纠正这些过失。

所以，教书育人的意义，不仅在于传递知识，更在于培养人格，让孩子从内心到行为都符合道德。

道德的基础是孝悌。《三字经》认为"首孝悌，次见闻"，先有孝悌，然后才可以学习所见所闻的知识，以及数学语文等学科。这是儒教一贯的次第，其远见性在于，可以保证一个人的行为不偏离道德轨道，也能避免发生虽有大才却行了大恶的现象。

相比之下，我们可以看到，今天的教育有些颠倒，虽然有德育课，但很少有人重视，更不要说将德育放在首位了。

在老师看来，一百分代表的就是优秀和前途，应该发奖。但在我看来，德行好的孩子也应该发奖，分个上中下，给些鼓励，让孩子从小知道做人也一样重要。用这么一个理念伴随他成长，有什么不好呢？再者，分数高、满脑子这样那样的知识，就一定有前途吗？很难说。据西方学者观察，这些知识对你未来生活的影响只有百分之十五，其他的百分之八十五，则取决于你的思想和行为态度。

这一点，我想很多人是有经验的，读了本科、读了硕士，但真正去工作时，用上了多少？不多。有用的还是那些沟通能力，品性方面的特质。

僧团里也一样，有些有德行的人，学问不高，也不会讲，但他那种随时随地散发出来的人格魅力，让人就是喜欢围绕着他，而且久处不厌。相反，有些人学历很高，但为人傲慢，不好交往。

所以，出家人也要重视人格修养，而且更要有人格修养。否则，不要说度化众生，就是在寺院待下去，也会挺困难的。

亲所好 力为具
亲所恶 谨为去

凡是父母喜好的事，子女要尽心尽力成办；凡是双亲不欢喜的事，要小心谨慎地去除。

在古代教育里，很多时候，子女的孝和敬体现在对父母心意的顺承上面，父母喜欢什么，不喜欢什么，是首先考虑的。但现在的子女往往是自己想什么就做什么，父母乐不乐意就不管了。我们想想，从小到大，让父母不悦意的事，做了多少？让父母欢喜的事，不论是物质上还是精神上的，又做了几件？

力所不及的事情，谁也没办法，父母一般也不会要求。但明明是可以做的，却因为没有从父母角度考虑而不去做，因为没这个习惯，也没有在心里把父母摆在一个应有的位置上，这就说不过去了。

把父母放在心里

陆绩是三国时期吴国人，六岁时，有一次去九江拜见袁术。袁术拿橘子招待他，他悄悄往怀里藏了三枚。临走时，躬身告辞，结果橘子掉了出来。袁术一看，笑着说："陆郎到我这儿做客，怀橘而去，是什么意思啊？"

陆绩说："这橘子甜，我舍不得吃，想带回去给母亲。"

袁术赞叹道："这么小就知道孝顺，日后必定成才。"

果然，陆绩长大后，除了官位做到太守以外，才华也格外出众，对天文、历算都非常精通。

陆绩怀橘，是为了让母亲吃到橘子，是孝。然而，如果是父母不愿意的，特别是那种正直而有远见的父母所不欢喜的事，子女就不该做了。下面再讲个故事。

陶侃是东晋时的大将军。他从小跟着母亲读书习字，学习为人处世的道理，很年轻就在县里做了个小官，专管渔场。有一次，陶侃派人送了坛腌鱼孝敬母亲。母亲打开一看，知道是公家的，便立即封上，让来人带回去，同时附了一封信，责备儿子说："你做官，却拿公家的东西送给我，这不仅没让我高兴，反倒增添了我的忧虑。"

陶侃读完信，知道辜负了母亲的教导，又悔又愧。自此以后，他做任何事都谨慎廉洁，成为一代清官。

这就是"亲所恶，谨为去"的典范。我相信，大多数父母都不愿意子女贪污，见到苗头会告诫，中间也会劝其收敛。但没办法，一个人德行根基不够的时候，就会被诱惑拉着一步步走入深渊。

如果早听父母的，像陶侃那样，一定会走上正道的。

孝的方法

孝的方法，古人总结了四种：养父母之身，养父母之心，养父母之志，养父母之慧。

养父母之身的意思是，我们要照顾父母的身体，让他们尽量不生病，生了病也能得到医治，保持比较健康的状态。

养父母之心指的是，我们要顺着父母的心，让父母省心，同时也不要老让他们挂念，有空就回家看看，或者打个电话陪父母说说话。即使出了家，也不能不理父母。既然你可以给施主打电话，给谈得来的朋友打电话，说明你还不是了无牵挂。所以，有时候也要给父母打打电话。要知道，父母心里时时刻刻挂念着的，就是孩子。而这种挂念，也很难用其他的人或众生做类比。

养父母之志的意思是，如果子女在事业、道业上有所建树，为社会作出贡献，赢得广泛认可，甚至美名流传后世，会让父母感到荣耀。这是大孝。诚如《孝经》所说："立身行道，扬名于后世，以显父母，孝之终也。"

养父母之慧指的是，一个人有智慧，才能正确看待事物、看待生命。人老了会觉得寂寞、活着没意思。这个时候，有智慧的子女要帮助父母在精神上找到归宿，比如学学佛，建立起一种信仰等等。

帮老人放下执著

孔子说："少者戒之在色，壮者戒之在斗，老者戒之在得。"讲的是人生三个阶段最需要戒备的过患。

少年时要戒的是色，因为这个年龄血气未定，一旦被美色诱惑，迷恋于网络或现实中的男女之欲，小则荒废学业，大则毁掉前途，一定要谨慎。壮年人气血旺盛，争强好胜，要戒的是斗。而人老了，气血衰败，得失心很重，老想着"我有笔巨款多好""我有个大房子多好"……越老越执著。所以，这时候"戒之在得"。

那要怎么个戒法，怎么帮老人放下执著呢？

我想，可以让他转换一下心态。老是沉湎于想要又得不到的心态里，肯定痛苦，所以要经常提醒他那些他已经拥有的东西，这样老人会高兴起来。就像荣启期，他是位九十岁高龄的隐士。孔子游泰山时，见到衣衫褴褛的荣启期正在路上自弹自唱，怡然自得。

孔子问："老人家为什么这么高兴啊？"

荣启期回答说："让我高兴的事很多：天底下人身最难得，我却得到了，这是第一件乐事；男女有别，男尊女卑，我能生为男人，是第二件乐事；人的寿命短暂，有的在母腹中夭折，有的出生不久或很年轻时就死掉了，而我已经活到九十岁，这是第三件乐事。"

孔子知道老人有才华，为其不得志而感到遗憾，但荣启期不以为然，他说："自古有那么多读书人，飞黄腾达的有几人？贫穷是正常的，死亡是我们每个人的归宿，安贫乐道，安心赴死，有什么可遗憾的？"

孔子惊叹道："真是一位能自我宽慰的人啊。"

所以，要让老人懂得知足，这样才会常乐。

修行之乐

不过遗憾的是，很多老人有等死之心。人和人的等死不一样，荣启期是知足，了无遗憾，但现在的老人很多是因为孤独和痛苦："唉，孩子不管我，亲戚嫌弃我，不如还是早点离开吧。什么时候能死啊！"他羡慕死。

其实，与其等死，不如修行，感受修行之乐。

《别解脱经》中有这么两句："多闻于林间，居至老安乐。"说的是修行人年轻时广闻多学，住在林间，等到了晚年，越接近死亡，心里越快乐。

《月灯三昧经》也说："游行世间犹犀牛，如风行空无障碍。"由于心安住在了然旷达的境界，就像犀牛一般无畏无惧，行走世间，也如风吹过虚空无障无碍。

修行好的人就是这样，独来独去，自由自在。

当然，我们一般人没有这么幸运，不仅年轻时没接触到佛法，老了也没有。所以，如果子女懂佛法，这时候一定要劝老人学佛。他们学了佛，你就尽孝了。

老人和年轻人不同，该享受的享受了，该经历的经历了，很多东西都看透了，烦恼也没那么多，这时如果能修行佛法，活一天行持一天善法，人生就非常完美。

藏地的传统你们也知道，上了四十岁，就必须开始念佛了。很多老人临终时，就是念着观音心咒、阿弥陀佛名号离开的，安详而愉悦，没有丝毫痛苦。

所以，我们要劝父母学佛。

有人说："我劝过了，他们不听啊，没办法！"

没办法也得劝，因为这是我们的父母。父母有点顽固是正常的，第一次不行，劝第二次；第二次不行，第三次……慢慢地，他们被你感动、说服，也就信了。

身有伤 贻亲忧

如果子女的身体受伤，就会让父母忧虑。

《大圆满前行》里说，孩子生了重病，父母宁愿自己代受甚至死去，以换取孩子的健康。父母都是这么疼爱子女的。所以要保护好身体，不让父母担忧。

《孝经》说："身体发肤，受之父母，不敢毁伤，孝之始也。"我们整个身体乃至头发、皮肤全都得自父母，了解这点，你就不敢伤害它，而孝也是从这里开始的。

父母对子女的担心和其他人不同。如果你伤到了身体，可能别人也会担心："你有个好歹，我怎么办？"也关心。然而，是不是真心，能关心多久，很难说。但是父母不一样。父母给了你生命，也无时无刻不记挂着你。

所以，不为自己考虑，也该为他们考虑考虑。

修行人也要保护身体

如果你是修行人，那不仅要为今世的父母考虑，还要为天下无边的一切父母有情考虑。

身体是臭皮囊、是怨敌，这是佛教的说法。但《中观四百论》也要求修行人保护好身体，因为一个具有戒律的人，活得越久，越能做利益众生的广大福德。这也是佛教的说法。

那怎么保护呢？第一生活要有规律，第二多活动。

有人说，所谓活动，就是你想活，就动一动，不动就活不了。听着似乎是种玩笑，但也不是没有道理，身体是要动的。有些道友始终不愿意动，这样不行。现在我们要求大家每天磕一百个头，这样很好，要坚持。

磕头的功德不可思议，磕一个头如何如何，你们也知道，而即使不从佛教的意义去看，从运动的角度理解，这也是一项很好的全身运动。

和运动一样，生活有规律也对身体有好处。比如，按时吃饭，吃什么、吃多少，自己把握好。形成好习惯也是一种智慧，既简单又省心。还有睡眠，除了特殊情况外，做事也不要熬夜。熬一次夜，三四天恢复不过来，这样就影响整体的进度和状态了。所以，有智慧的人，生活、修行和发心都很有节奏，不松不紧。

当然，节奏是可调的，随着利他心不断增上，修行和发心的时间可以越来越多，而睡眠越来越少。

现代医学研究认为，童年时期需要睡八九个小时，以帮助身体发育；中年阶段六七个小时；老年人五六个小时足矣。越睡越少。老了睡不着，早点起来念佛也好，等过了一百岁就不用睡了，白天晚上清醒着。

其实睡眠不过是一种习气，我们来一趟人间不容易，有很多事要做，甚至是有使命的，只顾着睡，很可能一事无成。而且，睡多了对身体并不好。

我听说世间有这么一种人：早上睡醒了，吃早饭；吃完早饭睡一会儿，到了中午，又吃午饭；午饭吃完再躺一会儿，到了晚上，又开始吃晚饭……

萨迦班智达说，人的一半生命是在睡眠中度过的。仔细想想，确实挺悲哀。但有些人恐怕还不止一半，而是大部分生命都浪费在了睡眠上。

总之，生活要有规律，这样才能有个好身体。身体不好，尤其是长期得病的人，刚开始还有人关心，但日子久了，一年年下去，就没人管了。

记住，身体是我们自己的，是父母给的，为了自己、为了父母，要好好爱惜它。

德有伤 贻亲羞

如果孩子的道德有损，就会让父母蒙羞。

在学校里，学生做错了事，老师也觉得不光荣；在寺院里，出家人行为不如法，法师也会感觉惭愧；同样，孩子做了不道德的事，父母也抬不起头来，觉得没脸见人。

2000年，有个美国士兵奸杀了一名十一岁的小女孩。事件被曝光之后，这名士兵的父母立即更换了电话号码，远避他乡。他的哥哥也表示实在无法理解弟弟的行为，"我不知道他为什么要这样做"。

亲人之间就是这样一种因缘——荣辱与共。你认为这是自己的事，自己承担，但有时候不是，特别是那些严重的、无法弥补的错误，会让父母深感羞辱，说不定终其一生都挥之不去。

相反，一个人有德，他的事迹会让家人、朋友乃至一方人民都感到光荣，所有听到的人都感动。

感动

在我们炉霍县宗麦乡有一名老师，他为了照顾母亲，一直没有成家。他的母亲从二十世纪九十年代初开始生病，卧床不起，算起来到去年，一病十八年。尤其是后面十六年，整个人好像成了一块肉团，根本没有自理能力。但这个孩子一天都没有离开过母亲，每天上下午教书，然后就回来照顾她。

不知道是什么业力，一到晚上，这位母亲总是会痛得惨叫，求生不能，求死不得，整晚都是如此。这时候儿子会抱住她、安慰她，为她祈祷。就这样，日复一日、年复一年，十六年了，他一直这么照顾母亲。

去年我去他家念经，看着老人，难过得很；看着这名老师，我又感动得很。

现在有很多人得奖，说是"感动全世界"，但有些我听了也不怎么感动，因为事儿不大，说得不小。但这位老师的孝心确实让我感动，他的邻居以及当地很多人都感动了。

知母、念恩、报恩

我们学佛的人都知道，修行大乘佛法的基础是菩提心，而要生起菩提心，就要从知母、念恩、报恩开始。

佛陀曾说："一切男子是我父，一切女人是我母。"能了解并相信这个道理，就是知母，知道在过去多生累劫的漫长生死轮回中，每一个众生都曾做过我们的父母。

明白了这一点，还要念恩，忆念父母的恩德，乃至所有众生的恩德。不知父母对自己有恩、不知感恩的人，不可能去慈悲哀悯其他的众生，因此也就不可能生起菩提心。所以，这里的关键是要感恩父母。

念恩之后，你就会想报恩，想要报答父母以及所有众生的恩德。对于想要报恩的人或众生，你会有一种尊重的心、想要承事他的心，而一旦这样去做，则如佛经所说："若于众生尊重承事，则为尊重承事如来。"

这时候，修行自然而然就展开了。

大乘修行很重视发愿，究竟来讲，我们应该愿一切众生成佛，把修行的功德回向给他们，愿其成佛；但在暂时层面，我们也要发愿，将自己的善根成熟在众生身上，让其离苦得乐。

现在有很多家庭不和睦，大人和大人斗、大人和孩子斗、孩子之间也互相斗……家就像小小的战场，每个生活在其中的人都很痛苦。看到这些情形，我们可以在每天早上起床或晚上睡觉前，从心里发愿：

愿世间每一个家庭都平安快乐，愿这些家里的人们和睦相处，不再吵吵闹闹，愿我们的社会安宁、国家稳定，愿大大小小的战争全部息灭，愿世界和平……

我们要相信，这样发愿是有作用的。

开头也说过，这次讲《弟子规》，是让大家一起来完善人格。既然菩提心也要从孝心延伸并发展起来，我们就不要忽视人格教育。当然，也要发愿弘扬。

我希望所有孩子都能学习《弟子规》。

从人生的整个阶段来看，有些知识后面学也来得及，但像孝悌、仁爱、慈悲等理念，最好从小就学。当这些一点一滴融在心里，人格根基稳固了，将来学什么都能生存。重要的是，一旦人有了好的品性，他对家庭、社会、国家乃至世界，都将发挥出相应的作用。

我一向认为，利他是一个人生存的真正价值，将利他心构建在人格中的人是幸福的。相反，一味追求钱财、地位、名声而不知利他的人，即使拥有再多，对别人都没有意义；就是他自己，也很难因此过得幸福。

所以，我们学了大乘佛法以后，要常常想到，我们比其他人更有责任去帮助世人。在帮助的过程中，有缘的人，可以将其安置在佛教的光明大道中；暂时没有因缘的，可以让他断恶行善，做个好人。

亲爱我 孝何难
亲憎我 孝方贤

如果父母疼爱我，孝有什么难？但如果父母憎恨你，这时候也能孝，才体现你的贤德。

从小在父母疼爱下长大的孩子，父母爱你、关心你，好吃的给你吃、好穿的让你穿、好玩的给你玩，这样等父母老了，体力不行了，满脸皱纹白发苍苍了，不用别人劝，你也会好好照顾父母。

但若相反，父母从小讨厌你，甚至打骂、折磨你，到时候要不要报复，拿绳子把父母捆起来呢？

不行，他们是父母。

父母再怎么对你不好，都要想到一点：他们有生和养的恩德。小时候的你，比现在的他们更柔弱、更没有能力，而他们也是拼命赚钱，把你一天天养大的。多想想这些。即使他们确实憎恨过你，也肯定有不得已的地方，再说，这跟生养的恩德相比，是万万比不了的。

《诗经》云："哀哀父母，生我劬劳……欲报之德，昊天罔极。"悲哀、悲哀，我可怜的父亲母亲，你们生我养我是多么辛苦，我想报答你们的恩德，但这种恩德却像天空一般广大无边、浩瀚无垠，叫我如何报答得了？

所以，我们要尽量记住父母的好，尽好孝道。

舜何人也

舜的母亲死得早，父亲和继母讨厌他，想杀了他。但舜很聪明，每次父亲让他做事，他马上赶到，而知道父亲准备杀他的时候就逃走了。

有一次，舜爬上粮仓往里装粮，父亲从下面撤走梯子，点起火，要烧死他。他已无路可逃。不过幸好旁边有两个斗笠，他就一边拿一个当翅膀，飞了下来。

又有一次，父亲让他挖地洞，舜知道是要杀他，于是提前备了一条暗道。当地洞挖到中间，父亲和另一个儿子开始填土，要活埋他，他立即躲进暗道，逃了出来。这种事发生了不少，但舜没有记恨，逆来顺受，依然孝敬父母。

尧听说后，知道他有大德，把王位传给了他。

我们一般人常常会记仇。一个人仗着自己有势力，欺负另一个人，骂他打他。但等另一个人壮大了，逮着机会就要算账：以前怎么受的，一句句骂回来，一棒棒打回来，只多不少。即使对父母，也有报复的。但舜不是。

可能有人想："这太难了，我做不到。"

确实不容易做，我知道。但有时候，做人也应该有一种志气，不是向外去报复，而是向内，回归仁爱之道。

这是真正的力量。诚如孟子引颜回的话说："舜何人也，予何人也，有为者亦若是。"舜是什么人？我是什么人？都是人。他们能做到的，只要去做，我也能。

同样的道理，佛菩萨是人，我也是人，他们在往昔通过顽强的毅力和修行，已超凡脱俗，成就了伟大的智慧与慈悲，而我只要像他们一样投入修行，改掉自己的错误想法和习气，修习广大善行，也一样能成就。

我们应该有这种认识、勇气和实践。

亲有过 谏使更
怡吾色 柔吾声

如果父母有了过失，我们应该劝导他们改正，不过劝的时候，要和颜悦色、轻声细语，而且要委婉。

父母有不对的地方也正常，比如酗酒、打麻将、跟人吵架，这些行为的确不好，是应该劝。但劝归劝，不能骂："今天我父亲做得不对，我狠狠说了他一顿！"好像很英雄、很正义、很了不起，其实这是非常不好的。

父母毕竟是父母，有点什么，可以好好说、慢慢说。再说，每个人的想法不一样，你认为对的，不一定就对；就算父母真的错了，这种态度，他们也不一定接受。

婉转一点，把表情放柔和，不要像见了仇人。人老了本来就可怜，身体不好、心脏不好，胆子小、心又脆弱，你怎么忍心责备呢？说重了，他们受不了。对外人都不这样，怎么能这样对父母？

所以，劝是要劝，但要善巧。《入菩萨行论》中说："出言当称意,义明语相关,悦意离贪嗔,柔和调适中。"什么意思呢?就是你劝父母的时候,首先要称合父母心意,让他们心里舒坦。他们肯听,你就把意思说清楚,利害说明白,自始至终和颜悦色、没有杂心,这样柔和适度地劝导一番,我想他们会接受的。

不过,如果错误太严重,怎么劝都不听的时候,可能也要像古时候的孙元觉那样,用点智慧了。

"等你老了,这个就能用上了"

孙元觉很小的时候就懂得孝,但他的父亲不懂。有一天,父亲见爷爷老了,病得厉害,又不中用,就把爷爷装进竹筐,准备送到深山,扔在那儿不管了。孙元觉哭着劝父亲,哀求他不要这样做,但父亲不听。

到了山里,放下爷爷,要往回走的时候,孙元觉背起那个竹筐准备带回去。父亲问:"你拿它干什么?"

孙元觉说:"等你老了,这个就能用上了。"

父亲一听,二话没说,又把爷爷背回去了。

对有些脾气不好、性格古怪的父母,做子女的可能也没办法,不说不行,简单说说又没用,这时候就得用点办法了。用的时候一方面要婉转,一方面也要尖锐,点到痛处,这样就可以帮着父母改正错误。

当然,一定要善巧,不能过分。

可能也是好心,有的子女看到父母有问题就直接说,但又不懂调整自己、不知道尊重父母,一说就成了指责。这样父母也接受不了。于是大家开始争吵、埋怨甚至仇恨,整个家庭出现裂痕。这种家庭为数不少,汉地有,藏地也有,家人在一起痛苦，别人进去了也难受，气氛不好，一会儿都不想待。

在这种情形下，我建议大家了解无常的道理。

帕当巴尊者说：一家人在一起是种因缘，但这种因缘是无常的，就像市集上短暂相遇的商人和顾客。家人如此，在一起学习、工作以及发心利益众生的人也一样，等聚合背后的因缘消散，彼此可能就再也见不到了。

所以，何必为一些小小的利益吵吵闹闹？

我们一定要善待父母。尤其是学佛的人，不是发心度化天下无边一切众生吗？对父母都那样，怎么去度化那些毫不相干的众生？佛教要求把所有众生观作父母，但我们一观父母，只有恨没有爱，又怎么能发起慈悲心？佛教让我们知母恩、报母恩，但我们好像不知道父母对我们有恩，怎么报答。

所以，一定要多观父母的恩德。父母的恩德太大了！要尊重父母。如果他们不在了，那就对过去做得不对的地方好好忏悔。然后重新做人，做一个真正的修行人。

我们自己有好东西

我强调传统及佛教文化，是因为在我学习、修行、传播这些的时候，深深感到：我们自己有好东西。学西方文化可以，也应该学，但要学那些好的。我们想保留并继承自己的传统，就是因为它好。

由于历史原因，现在大多数人对自己的传统一无所知，这是很让人悲哀的。我们藏地有早已融入生活的大乘佛教，但年轻人把它抛弃了，很可惜；我们汉地有几乎流淌在每个人血脉里的传统思想，但因为缺乏引导和启发，因为这些年西式生活的影响，整个社会都难再看到那种由内而外儒雅的东方气质，很可惜。

不容否认，西方是有优秀文化的，但很多学者在对比中也发现，在深层意识里，西方人更加认同以自我为中心的价值观。因为强调自我，凡事从自我出发，于是产生了竞争、斗争、战争，之后就是世界末日。有这种说法。

还有一种说法，讲西方人和东方人一生的不同。在西方人那里，童年是天堂，自由自在，开心快乐；中年是战场，每个人都卷入激烈的竞争当中；老年是坟墓，老人们住在养老院，虽然物质上不缺乏，但精神是空虚的，没有温暖。相反，在中国的传统生活里，童年是积福，学习孝悌仁爱，培养吃苦勤俭；中年造福，为社会作出贡献；老年享福，该有的道德圆满了，该作的贡献作了，老了安心享福。

我们的传统本来就是这样一种优秀文化。

遗憾的是，现在的年轻人认为西方的一切都是先进、文明的，全心追求和模仿，而把我们自己的传统全部看成是教条、束缚，认为一无是处，随便践踏。但是，我们的文化真有那么糟糕吗？如果丝毫不值得尊重，为什么在藏地人放弃大乘佛法、汉地人放弃儒教传统的时候，西方人乃至全世界其他国家的人，却越来越热衷于此？

所以，我们要经常看看世界发生了什么变化，看看在这些变化中，有什么不变的、有价值的东西保留下来，并被重新发现了。这才是真正的如意宝。

有没有这样的如意宝呢？东西方的智者们一致认为，有。孔孟思想就是，大乘佛法就是。

谏不入 悦复谏
号泣随 挞无怨

如果你的劝谏父母听不进去，就等父母高兴时再劝，痛哭流涕地劝，就算父母打你也绝无怨言。

有些父母是不太好劝。不过有智慧的子女，当看到父母身上有一些不符合道德的行为，或者学佛后看到父母有一些违背因果的做法时，一定要劝。劝归劝，前面说了，要委婉、柔和、善巧，不能粗言粗语，更不能大声责骂，这样会伤着父母的心，吵来吵去也不解决问题。

好好劝。父母有点固执也正常，不要劝不了就不管了，一次不行两次，两次不行三次，反反复复劝。只要你是对的，而且始终是善意、温和的，劝久了，明智的父母一定会听。有些道友有经验，一边劝，一边介绍佛理：善恶因果、轮回痛苦、放生的功德……这样慢慢地，父母就听进去了。千万不要吵："你听不听？承不承认？"这样不好，也不行。

一旦怎么劝都不行的时候，子女会很伤心，这时候要"号泣随"，号是大声哭，泣是小声哭，哭着劝。

李世民谏父

唐太宗李世民年轻时一直随父亲李渊在外征战。有一次，李渊决定立即拔营去攻打一个地方。但李世民看到了潜在的危险，认为一定有埋伏，去了会全军覆没，于是再三劝阻，但父亲不听。没办法，他跑到帐外大声哭起来。父亲看儿子哭得那么伤心，想想觉得他说得也有道理，便停止了行动。由此，也就避免了很大的伤亡。

李世民做到了"号泣随"，很孝顺，而李渊也听劝。但如果换做另外一种情形，父亲不听，不仅不听，还生气了，打你，怎么办？这时候古人要求"挞无怨"，怎么打都没有一句怨言，心里也不怨恨。

这是很高的孝的境界。

在今天的年轻人身上，还能不能看到这样至孝的心态和场景呢？很罕见。恐怕正好相反，有的孩子，父母没打，也没说什么，只是看他一眼，他就已经恨得咬牙切齿，说不定还要骂骂咧咧："你这个老东西……"

那种表情和姿态——在敌人面前软弱，在父母面前威武，怎么说好呢？让人感觉很难过。

小杖则受，大杖则逃

如果"挞无怨"，那要是被打死了，怎么办？这里面确实有一个分寸问题。

从前，曾子受父亲责打时，没有躲避，结果被打晕了，倒在地上。醒来后，他来到父亲跟前，问："刚才孩儿犯了错，让您费力气教训，您没有气着吧？"这件事被路人看到，觉得曾子实在了不起，便告诉了孔子。

孔子听了并不高兴，等曾子来了，给他讲了舜"小杖则受，大杖则逃"的故事：舜见到父亲要打他，如果拿的是小棍儿，他就主动挨罚；如果是大棍棒，很可能一棒打死，那就赶紧逃掉，找不到人了。

"所以，"孔子说，"你这次犯了大错，如果你被打死了，那不是陷父亲于不义吗？你恭敬顺从是孝，但如果因此让父亲失去了名誉，就是不孝。"

从孔子的分析里，我们看到，劝谏父母很需要智慧。当然，其中最主要的，还是有颗孝心，有恭敬的态度。孔子说："事父母几谏，见志不从，又敬不违，劳而不怨。"侍奉父母，见父母有不对的地方，要委婉劝说，父母不听，继续恭敬承事，不违逆，为父母操劳而不怨恨。

可能很多年轻人都难以接受这种态度和做法，甚至有人想：为什么不能平等呢？你拿木棒，我拿铁棒；你打我一棒，我打你两棒……看谁更能忍。

我们一定要记住，在这个世间，在我们所有认识的人里面，父母跟其他任何人都不同。所以，对待自己的父母，千万不能像对待平常人那样——你对我不好，我就对你不好，这样是不对的。我们要常常忆念父母的养育恩情，要提醒自己：我有尽孝的本分。

子欲养而亲不待

父母在的时候，要好好照顾他们，否则，一旦他们离开人世，想尽孝也没机会了，这就是古人说的"树欲静而风不止，子欲养而亲不待"。

这里面有个典故：有一次，孔子带弟子出游，路上听到有人哭，孔子说："我们赶快去看看，那是个贤人。"走近一看，是皋鱼,穿着粗布衣服,抱着镰刀,在路边哭。孔子问:"你又没有丧事,为什么哭得这么悲伤?"

皋鱼说:"我一生有三大过失,其中之一就是我年少时为了求学,周游列国,没有照顾父母。我现在的心情就如同树想静下来而风却不止一样,我想尽孝,但父母已经不在了……过去而不能追回的是岁月,逝去而不能再见到的,是我的亲人。请让我离开人世吧!"

说完,他便辞世而去了。

孔子对门下的弟子说:"你们要引以为戒啊,这件事足以让你们好好认识一下了。"

听了孔子的话,弟子里面十个有三个都向老师辞行,回去赡养双亲了——学到这里,你们有些人是不是也想回家了?

三种孝

莲池大师说孝有三种:孝、大孝、大孝之大孝。

第一种,"人子于父母,服劳奉养以安之,孝也。"子女为父母做事,奉养饮食、衣物等各种资具,让父母过好生活,这是孝。不过,这是一般的孝。

第二种,"立身行道以显之,大孝也。"规范自己的身心以增上道德,不违背世间和出世间的种种规则,好好做人,以此让父母感到荣耀,这是大孝。

作为出家人,我们要好好用功,好好行道。虽然你没有在父母身边服劳奉养,没有尽世间那种孝,但他们也不会像别的有些父母那样担忧:"我这个孩子是不是又在外面闹事?是不是进监狱了?……"父母知道你在修行,就是十年不回去,没死没病的，也没什么可担心的。你只要好好修行，就是尽孝了。

第三种，"劝以念佛法门，俾得生净土，大孝之大孝也。"劝导父母念佛，让他们往生净土，这是大孝中的大孝。

我们确实应该花些功夫劝父母信佛、念佛。当然，对于亲朋好友的子女，能接触到的，也应该讲讲孝的道理，让他们知道父母养育自己的艰辛，知道感恩报恩。

有人想，孝的人总归会孝，不孝的人，再怎么讲也没用。一方面是这样，天生的力量很大；但另一方面，教育的作用也很大，你不教，他不知道，你给他创造一种环境，做些引导，他就会受到影响。

毕竟，人性是本善的。要把本具的善释放出来，没有比传统文化更有启发性的了。

亲有疾 药先尝
昼夜侍 不离床

父母病了，子女煎好药以后，要先尝一尝再给父母，而且要白天晚上侍候着，不能离开床榻。

古代治病一般用汤药，汤药要煎、要熬。熬好了，为什么要尝一尝呢？就是看烫不烫、凉不凉、剂量够不够、有没有毒性反应，这些都能尝出来。尝过了，没问题才给父母。这是侍候父母喝药的程序。

现在也一样。要是吃成药或西药，先看对不对症、一次吃几粒、有没有副作用，没问题的话，就给父母取药、递水，小心地让父母吃下去。吃过药，就让父母休息，然后自己在旁边陪护。

有时陪护的效果比吃药还好。最近几年，我基本每年都要去医院"静修"一段时间，所以对医院里的故事比较了解，也发现到这个问题。

去年我在成都住院，旁边有位母亲，她女儿很孝顺，一直陪她输液打针，扶她上下床。结果没多久，母亲的病就好了，出院了。

另外有位老太太，她说她有两个女儿，但半个月了，我没有见她们来过一次，都是老太太自己照顾自己，有时还要张罗借钱什么的。我不知道她的病情怎么样，是否有些起色，但她的心情一直不好。

她的女儿们为什么一直都不来呢？可能太忙了。但是再忙，母亲病了，来看一看还是应该的。

皇帝也亲自照顾母亲

在古代，皇帝也有亲自照顾母亲的。

汉文帝刘恒的母亲曾经生病三年，在这三年里，刘恒一边处理政务，一边照顾母亲。据历史记载，母亲喝的汤药，他亲自尝，尝完后再给母亲喝。而且，他是衣不解带地服侍母亲，真正做到了"昼夜侍，不离床"。正因为如此，他的孝顺和贤明一样，被代代传颂。

当今时代的人都很忙，这个谁都理解，但是，父母生病时，确实应该好好照顾。我们想想，还有什么人会比父母重要？还有什么事会比父母生病了这件事重要？我们不去照顾父母，借口无非是忙、离不开，但是父母呢？父母病得怎么样，会不会死，这个总得重视吧，连这个都不管，怎么对得起父母？

有些子女太过分的时候，亲朋好友都看不过去了，但也没办法，子女心里没有父母，谁说了也没用。

因此，有些东西还是要从小教才行。

北京有个十岁的小学生，母亲生病时，他一直在照顾着，很多比较麻烦的护理也都能自己做。后来有人问他："你为什么能做到这样？"他说："在学校老师给我们讲《弟子规》，《弟子规》里说'昼夜侍，不离床'，现在母亲病了，我就应该这样照顾她。"

好好想想这个孩子的话。还要想想，以前我们生病的时候，父母是怎么照顾我们的。

我的母亲

我想起了我的母亲。

在我很小的时候，有一次半夜三更生病了，母亲背着我往县医院跑。我们那里很偏，去县城的路都是山路，有很多森林，平时的晚上她绝对不敢走，但那天晚上为了救我的小命，她走过去了。我被救了过来。

我想，不光是我，每一个人的母亲在孩子从小到大的成长过程中，一定都付出了很多很多。

我经常感到惭愧，我的母亲来佛学院有十五年了，但我没有为她做过什么，也做不了什么。不过，让我比较欣慰的是，我从来没有跟母亲吵过架。有看不惯的地方，我确实会像这里讲的，用比较委婉的语气告诉她，而她一听就懂，懂了就改了。改了，我也就放心了。

我一直认为母亲很聪明，如果她识字，智慧肯定超过我。我经常跟她这么说。不过，虽然母亲不识字，记性却很好，能背诵《极乐愿文》《普贤行愿品》《度母赞》等文字，我小时候学会的那些都是她教的。我有时真觉得，一个人不识字也没什么关系，能记下这些修行的念诵文字就足够了。就像我的母亲。

我确实没有为母亲做过什么。也是忙吧，最多上课前去看她一下，也就一分钟。不过母亲挺安慰的。一分钟左右我就离开那儿，来上课了。这是我的孝顺方式，和古人、世间以及佛教界中那些孝子比，很惭愧。

作为佛教徒，尤其是在家佛教徒，很多人对父母的关心和孝顺的确不够。仔细想想，我们是不是经常让父母担心了？父母叫我们做的，做了吗？不叫我们做的，听了吗？父母要我们说点什么事的时候，我们是温和而认真地解释，还是随便敷衍两句就算了？

这些在《弟子规》里都有教诫，但每一个道理，恐怕都不是那么容易做到的。所以，我们很需要这种教育。当这些理念在你心里生了根，你自然就能做到，自然就把它传承下去了。

就从孝顺开始吧。父母需要钱的时候，就出点钱；父母生病了，好好照顾；话不要说太重，老人的心跟年轻人不一样，稍微说重了，会伤着他们；多说点安慰的话，一句话说好了，父母会很开心、很快乐。

这不就是修行吗？

丧三年　常悲咽
居处变　酒肉绝

父母去世了，要守丧三年，三年中因追思父母而常常感到悲痛哀伤，所以要调整居处，并戒绝酒肉。

父母死了没多久，还唱歌跳舞、开开心心，好像怨敌死了一样，这是不对的。这时候怎么能高兴得起来？在古代，很多孝子会在三年当中，在父母坟前结个茅棚，为父母守孝。或者再怎么样也要把住处调一下，住得简朴些，同时戒酒戒肉，戒掉不如法行为。

三国时期有一名孝子叫王裒。王裒的母亲生前最怕打雷，所以母亲死后，每次一打雷，他就立即跑到母亲坟前，安慰说："裒儿在此，母亲不要害怕。"这就是历史上有名的"闻雷泣墓"。

藏地、印度也有类似传统

"守孝三年"，藏地也有类似的传统。

在藏地，父母死后，比较孝顺的子女，上等者三年内不过年，也不办喜事、不搞庆祝活动，甚至都不打扮；中等者两年内不做这些；下等者一年。父母死了不到一年，就欢欢喜喜过年、唱歌跳舞找乐子，大家会取笑他："还有这种人！家人刚死，就做这些！"

值得一提的是，藏地一直有念经超度的传统。亲人刚去世，家人要请僧众为亡者念经四十九天；第二、第三年的祭日之前，还要为他念三天经。比如，我父亲今年三月八日去世，明年、后年三月八日前，我们都要请人为他念经。有些情况下念不了三天，一天也可以。如果四十九天的经念了，但第二年、第三年没念，大家还是会说你不孝顺的。

我们不仅对父母，对上师也是如此。老道友们都会记得，在大恩上师法王如意宝离世后三年内，整个佛学院几千人冬天不过年，夏天不开娱乐法会，全部取消。当时在上师遗体火化前，学院所有法师都发愿：三年内不离学院，三年后再重新决定未来的管理方法。

对一般人而言，以这种方式纪念父母，是尽孝，同时也深化了道德；而对修行人来讲，以此纪念上师，则更多表达了我们对上师的思念、依恋和祈祷。

印度有一位修行人就是在为上师守孝三年期间获得了成就。《密宗大成就者奇传》记载了这则公案：

这名修行人叫护喜，是梅志巴尊者的弟子。护喜从小学习并精通各种世间论典，皈依佛门后，依止梅志巴尊者十二年，直到上师圆寂。上师圆寂后，他每日在上师灵塔前哀伤哭泣、供养祈祷，三年没说一句话，一心修行。

由于他的诚心忆念和祈祷，有一天，上师的加持完全融入，他证悟了。此后，护喜前往印度南方度化众生，再后来，又不舍肉身进入地下，为非人传法。

作者多罗那他说，直到现在，护喜还在那里。

为什么守孝三年

弟子问:"父母去世,守孝三年是不是太久?"

孔子说:"子生三年,然后免于父母之怀。夫三年之丧,天下之通丧也。"孩子生下来,三年之内都离不开父母的怀抱,吃喝拉撒都要在父母照料下才能完成,为了纪念这一点,守孝三年并不长。再说,守三年是天下通行的丧礼。

《孟子》中也说:"三年之丧,齐疏之服。"三年服丧期间,要穿缝了边的粗麻布丧服。

这一传统在中国古代一直被遵循着,就是做官的人,在任职期间父母死了,也要回家守孝。我以前看过《苏东坡传》,里面提到,苏东坡一生经历了两次这种情况,先是母亲去世,然后是父亲,他都分别守孝三年。

可能今天很多人觉得,这些都是迷信、教条,早已被舍弃了。新时代不需要这些,新时代要学新的思想。那学什么呢?学西方。但是,在学西方的过程中,我们是否真正学到了有价值的东西?好像也不多。

所以,还是要重视我们自己的传统。重视传统不一定是完全照搬那样的形式,但本质的东西可以继承。

反省

我是这么想的,古代社会和今日环境虽然不一样,但人是一样的,尽孝以及做人必须遵循的道也是一样的。在家人走世间的道,需要孝,如果不孝,其他的人格或德行就谈不上;出家人走出世间的道,也需要孝,如果不孝,更深更广的菩提心就修不了。所以,以孝为首的我们那些传统不能丢,丢了,规矩没了，用什么约束自己？

和我们通常的理解不一样，道德的约束不会给人带来痛苦，而是相反，会帮助你产生美德。而一个有美德的人，《二规教言论》里说，不仅会得到世人喜爱，还会得到护法神及喜爱善法的非人、天神的保护。

所以，我们应该追求并拥有美德。遗憾的是，如今的很多年轻人不喜爱美德，甚至侮辱践踏美德，也许这是个人行为，但从整个背景来看，也是全体人类的悲哀。

由此我觉得，现在我们最需要的是反省，就像古人说的"吾日三省吾身"，时时省察自己的言行是否偏离了道德。

一个人往外面看、跟着物质世界走很容易，现在科技发达，交通、网络、信息也便利，远超古代。但在这种极度攀缘、追逐潮流的过程中，内在道德很容易丧失。因为外面的东西多，诱惑就多，人心也容易乱，很难有理性把持，而一旦陷入其中，意志就被消磨了。

如果说我们被外物欺骗了，也许有人不信，可我们追求的那些东西是不是真有价值，这一点很值得反省。

我经常觉得，我们不应该一味盲目地往前奔，有时也要停一停，回顾一下古人的足迹，看看他们是怎样坚守道德，走过一生的。试着了解人类曾经有过的心灵探索，对于以后我们怎样往前走，应该也是有益的。

丧尽礼 祭尽诚
事死者 如事生

办理父母丧事要沿用传统礼法，祭祀时要竭尽虔诚，对待死去的人要如同他们依然活着一样。

尽礼和尽诚，都不是在要求一些表面的、形式上的东西，像有些排场或表演。那是给别人看的，没什么意义。它是让我们用恰当的行为，发自内心地忆念、感念父母的恩德。父母活着时，该尽的孝尽了，现在他们离开了，我们再用这种方式表达孝心。当然，父母生前有信仰的，也可以按那一宗教的传统办丧和祭拜。

祭拜时，虽然父母已经不在了，但我们的姿态应该像他们就活在身边一样，恭敬、谨慎、如理如法。

丧事圆满，祭祀圆满，接下来，儒教是否还有为亡者的灵魂提供帮助的思想和做法？没有。尸体处理完，就结束了。生命在后世将感受何种苦乐，生者可以为亡者做些什么，这种智慧和道理只有佛教里有。

佛教认为，死，既是这一期生命的结束，也是下一期生命的开始，所以这时候为亡者做善法或超度佛事，对其后世乃至生生世世都有非常大的利益。

不可杀生祭祀

我知道汉地民间有杀生祭祀的做法，例如清明节期间杀鸡、杀乳猪等，但这对亡人伤害极大，很可怕。

佛经里有一个故事：

有一次，阿难随佛陀出游，见到一群欢喜的饿鬼，阿难问佛他们为什么那么快乐，佛陀说："因为他们的子孙正在为他们修福行善，他们快要从痛苦中解脱了，所以快乐。"走着走着，又遇见一群痛苦的饿鬼，阿难又问佛他们痛苦的原因，佛陀说："他们的子孙正在为他们杀生祭祀，饿鬼身后有火逼迫着，所以痛苦。"

《竹窗随笔》里也有这样一则公案：

钱塘一带有个姓金的人，生前斋戒守得很好，后来生病死了。死后，他附在一个童子身上对家人说，他因为善业不够，所以没能往生净土，转生在阴间。但在阴间里还是很快乐，去留自在。

有一天，他突然呵责妻子："你为什么在我的坟上杀鸡祭祀？今天有官差跟着，不像以前那么自由了。"之后家人有别的事问他，他把未来的情形说了，后来证明都是对的。这时家人也就相信了他前面的话。

讲完公案，莲池大师教诫说："如果是孝子，怎么能为了祭奠父母而杀生呢？"

《地藏经》里对此种情形也有一段解释，大意是：你们阎浮提人，如果有亲人死去，不要为其杀生祭祀鬼神，这样做对亡者没有丝毫利益，只会增加他的罪业。假使这位亡者生前修过善法，本来可以转生到善趣的，但一有阳间亲人为他杀生，会立即堕入恶趣。

修善的人都如此，更何况不修善的人呢？

嗡玛尼贝美吽

汉地还有烧纸钱的习俗。"人民币"、"美金"、纸车、纸豪宅……各种各样，应有尽有。但这样烧，亡者能不能得到、用不用得上，不好说。一定要烧的话，我建议同时念一些观音心咒：嗡玛尼贝美吽。念了观音心咒，就一定能利益到亡者，不管他在哪一道。

藏地为亡人祈福都念观音心咒，有时要念仪轨，有时就念心咒，或悬挂印有观音心咒的旗子，这样做对亡人的利益非常大。不仅经论这么记载，现实中也有验证。

还有一种比较特殊的传统，就是藏族人会把亡者的骨头以及火葬留下的骨灰带到拉萨的圣地或尸陀林，在那里净化亲人的业，让他们离苦得乐。

印度有一座清凉尸陀林，很有名。记得以前我随法王去印度时，法王说："亡者的骨灰或头发，如果被放到这座清凉尸陀林，那是他的福报。"后来，我们不管是亡者还是活人的物品，都拿去放到那座尸陀林了。

藏地以前有段时期是土葬的，后来人们都把亲人的尸骨挖出来，送到尸陀林，做些仪式超度他们。

道丕超度父亲

《高僧传》里有一则道丕法师诚感父骨的故事。

道丕和尚是后周长安人，七岁出家。十九岁那年，正值唐太宗迁都洛阳,长安被焚烧殆尽,道丕背着母亲来到了华山,住进一个山洞里。

当时米价很高,于是道丕自己辟谷,不吃东西,把讨到的米全都供养母亲了。每次母亲问他:"你吃了没有?"他怕母亲担心,便说:"我吃过了。"

有一天,母亲对道丕说:"你父亲在霍山战役中战死了,尸骨还暴露在野外,你能不能捡回来埋葬呢?"

道丕马上去霍山,见那里有许多白骨,不知道哪一具是父亲的。于是他把所有骷髅堆到一起,白天晚上念经超度,然后诚心祈祷:"愿依三宝的加持,让我父亲的遗骨转动,让我可以找到它。"

就这样,他一边祈祷,一边注视着骨堆。几天后,真的就有一具骷髅从里面跳出来,摇晃了很久。道丕马上跑过去抱住它,带回去见母亲。那天晚上,母亲梦见丈夫回来了。第二天一早,道丕背着父亲的遗骨到了家。

当时大家都认为,这是他的诚感所致。

那我们怎么超度自己的亲人呢?我以前讲过,我们可以把爷爷奶奶、父亲母亲等过世亲人的名字写到纸上,交一点钱,请僧众念经超度。

藏地有种说法:"给亡人念一句观音心咒,其价值远远超过一匹好马的价值。"藏地人认为马是最珍贵的,但他们也知道,对亡者来讲,观音心咒是最珍贵的。

一说珍贵或价值,很多人马上想到钱,或不论它是什么,都用钱衡量一下。但实际上,有很多东西是钱衡量不了的,比如思想或人格,这些比钱有价值得多。所以古人更看重道德,诚如《三字经》所说："人遗子，金满籯，我教子，惟一经。"别人给子女留的是满箱金子，而我却只教导子孙研读圣贤的经书，学习做人的道理。

我们的确不能把目光老盯在钱上。美国投资大师罗杰斯看到中国人都忙着赚钱，曾调侃说："中国人想方设法、不计后果地用金钱改变家庭、爱情和命运。"可能他说得对，我们确实太看重钱了，以为它可以改变一切，但事实证明，钱没有这个力量。

钱不能驱走你的烦恼，不能提升你的幸福，更不能为你带来今生来世的永恒安乐。所以，还是要立足道德，学习孝悌仁爱，修行慈悲利他，这才是快乐之源。

出则悌

兄道友 弟道恭
兄弟睦 孝在中

哥哥应该友爱、关怀弟弟，弟弟应该恭敬哥哥，兄弟之间和睦，对父母的孝顺就在其中。

兄是兄长，指哥哥姐姐，为兄之道就是关爱、保护弟弟妹妹，不打骂、欺负他们，或抢夺他们的玩具等心爱物品。而作为弟弟妹妹，则应对兄长恭敬有礼，不能仗着有父母庇护，就傲慢无礼地对待哥哥姐姐，甚至伤害他们。从小知道这么做，长大了，和身边人相处就容易。

我们周围总能看到这样的人，他们跟谁相处都很快乐，也让别人感觉舒服，该尊重的知道尊重，该爱护的也知道爱护，做得很好。这跟儿时的教育有关。

不过今天的孩子多数是独生子女，没有哥哥姐姐，也没有弟弟妹妹，是家中唯一，父母当他是天上派下来的小公主、小王子，他自己也觉得"天上天下，唯我独尊"。在这种心态下成长起来的年轻人，有时候看上去缺乏生活能力，不会与人相处，也是正常的。

然而，对父母来讲，就这么一个孩子，将来孝顺，父母当然很安慰；要是不孝顺，父母就可怜了。古代的情形要好得多，一个家里有几个孩子，这个不孝顺，还有其他的，总能找出一个比较孝的来。

但不管怎么说，如果兄弟姐妹之间比较和睦，一家人其乐融融，让父母无忧，就是孝了。

爱你的家人

李绩是唐朝出将入相的人物，晚年时，有一次姐姐病了，他亲自为姐姐煮粥，结果胡须被火苗烧着了。姐姐劝他说："你的仆人那么多，何必自己操劳呢？"李绩说："是可以让他们做，但姐姐年纪大了，我也老了，以后想煮恐怕也没什么机会了。"

煮粥不是很难的事，也不是什么大事，但确实反映了古人对亲情的重视。现在如果我们的兄弟姐妹病了，很多人会打电话、发短信问候一下，打点钱过去，但肯花时间去照顾的可能不多。其实亲自做点什么挺好的。古人用的往往很简单，煮粥也就用瓦罐，现在我们过着高档甚至奢侈的生活，什么器具都有，煮什么都方便，但遗憾的是，亲情淡了，有机会也不会去表达那份情意。

你们看，李绩在朝廷是宰相，但回到家里还是那样地照顾姐姐，我觉得这样做人才有意义。否则，一个无情无义、不爱家人的人，在外面再成功有什么意思？

所以，做人一定要有爱心，而且，要从爱你的家人开始。古人说，爱的感觉，是温暖；爱的语言，是正直；爱的心地，是无私；爱的行为，是成全。

什么时候，如果我们能去掉一些虚情假意，去掉一些自私自利，真正以诚挚的爱去爱自己的家人、自己的兄弟姐妹，那让我们去帮助他人、关爱社会也会比较容易。就像新加坡的许哲女士，前几年在她一百零六岁时，还跑来跑去，不分种族、宗教地帮助许多可怜人。

有记者问："你为什么对别人那么好？"

她说："我从来不觉得他们是别人，我只是觉得在帮助自己的兄弟姐妹。"

四海之内皆兄弟

对于兄弟间的情分，如果让我们回忆一下孩提时代，回忆一下一路的成长，由于教导和观念的缺失，可能很多人心里都留有遗憾。不过幸运的是，进入佛门后，我们还是从与道友的相处中，找到了兄弟的感觉。

佛教中把一起闻思修行的人叫道伴、道友，对于这种概念的认同，深深唤醒了每个人温暖的友爱之情。

道友分四种：总道友、远道友、近道友、密道友。后面三种分别是入了佛门、入了密乘、一位上师摄受的道友，而总道友是指所有众生。

"四海之内，皆兄弟也。"

这是《论语》里的话，很有气魄。我从前以为，这和我们佛教的观点一致：所有众生，不管是人也好，水里陆上的动物也好，我们都是兄弟；既然是兄弟，兄弟不会吃兄弟，人就不可能吃鱼吃肉了。但后来看到儒教并不反对吃鱼吃肉，甚至以鱼和肉孝敬父母，于是我就理解：儒教所说的兄弟，只限于人类。

不过，如果人人能有这样的胸怀——在这个天底下、在四海之内，所有人类都是我的兄弟，那至少不会有人和人的争执、国与国的战争了，我们会和睦相处。

学佛先学做人

我经常这么说，如果把儒教的仁爱理念，放之于更长远的生命观念、更宽泛的有情群体上，就是大乘佛法的慈悲教义了。而这一教义的核心就是无私，尽可能地放弃自我；以及利他，利益天下无边的所有众生。

有了这样的心，才是大乘修行的起点。

然而我们遗憾地看到，不要说这颗心，也不要说"四海之内皆兄弟"，今日社会里，很多人对父母兄弟都没有真正的情义。有些人生活在家庭里，却像一个陌生人一样，对父母亲人不理不睬，这是不对的。如果有这样的学佛人，我希望你们先好好对待自己的家人。

佛教里是有泯灭亲疏的境界，不贪恋亲人，也不憎恨怨敌，自他平等。但这里面有最广大的慈悲心，而不是像一块石头一样毫无感觉。我一向认为，无情无义是很可怕的，《二规教言论》里说，这样的人无惭无愧。

我现在经常感到，今天我们谈做人，谈国学教育，很多时候不是在要求一些很高的东西，相反，我们是希望大家明白一些基本道理。这些道理不难懂，也不难做，难的是让它成为习惯性的思维和行为方式。

所以，古人从小学这些是有道理的，而今天大人或修行人学习为人处世，也还是得从这些基本素质开始。虽然佛教对修行人有更高的要求，但学习为人处世的道理，一方面对道德修养是个补充,另一方面,以后不管你走到哪里,接触什么样的人,把佛法和人格修养结合着讲给别人,人家就容易接受。就是办学校、做慈善,这也是个基础。

我讲《弟子规》,其实就是很想跟那些比较成熟、已为人父母或将要为人父母的大人们沟通。

我知道,一段时间以来,你们有些人对传统比较缺乏了解,看到它这么好,一下子捡起来又做不到,有相见恨晚的感觉。但也没关系,只要大家有颗学习的心,身体力行的同时也教教孩子,甚至做些传播,那对今天整个时代的心灵和道德都会起到一定的匡扶作用。

当然,我们要求不高,只是希望能通过你们的认识和关注,让今天的孩子都能接触到自己的文化,都能明白做人的道理,并做到一些。比如,学生守则里有"尊敬师长"这条,既然有,那就应该落实,但很多学校好像没有去落实,没有那种气氛。大家还是忙分数。

然而,从一个孩子的长远人生来看——我是这么认为的,也常常这么讲:分数不是前途,高也可以,低也可以,不重要,重要的是做个好人。

我们要让自己的孩子,让下一代做好人,我希望父母老师们都有这种认识。这也是我们的责任。

如果这个教育没做好,等孩子长大,到了我们这个年龄,再像今天的我们一样,回到这些基本的人格理念去正本清源,就难了。我们的一生都经历了不少痛苦,但也知道,自己受挫,很多时候不是因为缺乏技术、智慧和能力,而是在做人和修养方面出了问题。

举个例子，如果我们处处懂得尊重别人，人生就会顺利得多。但遗憾的是，我们常常看不惯——学佛前看不惯同学同事，学了佛又看不惯道友。这样就不行，离佛教把一切众生视为父母的清净心太远了。

记住，学佛先学做人；做好人，才能学好佛。怎么做呢？上师如意宝说过："对上者恭敬有礼，对平等者和睦相处，对下者慈悲爱护。"请大家不要忘了。

财物轻 怨何生

把财物看得轻，又怎么会有怨恨呢？

财物之类的东西本是身外之物，要看淡些，看得太重会起贪执，甚至不顾兄弟情分，彼此怨恨、争夺、诉讼，给家庭带来不光彩。所以，在孩子还小的时候，父母就要注意苗头，看到孩子之间争抢玩具什么的，要适时做些教导，让他学会礼让，重义轻财，进而培养起一种简朴、知足少欲的生活观。

重义轻财

卜式是西汉时期河南人。父母过世后，卜式把家里的田宅及所有值钱的东西都留给弟弟，自己带着一百只羊，到山里过起了放牧生活。十几年后，他有了上千只羊，而此时弟弟已经将那些家产全都耗尽。于是卜式分了许多羊给弟弟，之后又好几次分羊给他。

卜式轻财重义,但历史中说,他后来并不缺财,而且还赢得了当时从上到下的赞誉。不重利、不贪财,反而为他的人生打开了更广阔的前景。

所以,我们的教育里不要缺了这些。钱财是很重要,生活中离不开它,但我们太看重钱财,鼓励孩子追求甚至争夺,就能得到吗?不见得。父母如果不教导孩子轻财,孩子就只会死死盯住自己的利益,变得目光狭窄,无法形成博大的胸怀。

把钱财看得太重的人,小时候争小东西,长大了争大东西,这样不仅会因财伤义,甚至会为财丧命。这几年社会上发生的许多悲剧,例如麻将桌上杀人、出租车上杀人,往往无非只为了几块钱;每每被曝光的杀兄杀弟、杀父杀母案件,也不过是为了一点家产。

除了这种极端例子外,更多的是那些或明或暗的争夺和算计。当然,争也好,算也好,都不一定能得到。

听说有这么一位老父亲,很有钱,平时生病,子女们没有一个来看他的,但得重病要死的时候都来了。父亲当然知道,他们都是为钱来的,并不是因为孝顺,于是就把自己的钱全部捐出去了。

老人无声的愤怒,不知道有没有提醒子女些什么,但我觉得,从这件事里,很多人应该反省:我们人活这一辈子,到底需要重视什么?父母和老师们尤其要反省:我们到底要给孩子什么样的教育?什么样的教育才是好的教育?

我们知道,什么样的家庭就会教出什么样的孩子,什么样的学校就会教出什么样的学生,当我们的思想全部被物质抓住的时候，物质就成了孩子的人生目标。

所以，在这个物欲本来就强的时代里，我们要考虑，是不是应该多传递轻财的理念，以淡化过了头的物欲气氛。如果真能强调这些，强调礼义廉耻、责任和奉献，那么我相信，即便现实再功利、再残酷，等孩子长大了，也还是会守护一分道义和尊严，绝不会为了钱财伤害他人，更不会伤害兄弟姐妹。

紫荆树的启示

过去有户人家，老人死后，三兄弟分家，围着院子搭了三间房。分完家产，他们商量把院子里那棵紫荆树也分了，商量到半夜，决定砍成三段，每人一段。

第二天一早，当三兄弟拎着斧子准备砍的时候，发现紫荆树已经枯死了。他们非常震惊，觉得这棵树有灵性，砍了肯定会不吉祥。于是没有砍，家也不分了。而他们这样决定后，很神奇地，树又活过来了。

紫荆树给了我们什么启示？很简单，人与自然之间存在一种缘起，这种缘起是从我们的心开始的。

如果我们把三兄弟和那棵树的关系放大，将会看到，当我们心里存有太多恶念，人和人总是处在争斗乃至战争状态时，外界的环境也往往不调顺，庄稼不成熟，果实不甘美。相反，如果我们心里充满善念，尊重他人，尊重自然，那么身心就会安乐。人人如此，整个社会就和谐了。

尊重自然，一方面是爱护环境，一方面也是尊重自然界生存的其他众生，就像非人之类的，还有护法神。我们看不见他们，但他们存在，我们爱护自然，也是爱护他们的领地，这样他们就很欢喜，会降下吉祥。相反，如果有人破坏自然，比如挖神山、砍神树、污染湖泊等等，就会导致天灾及人祸频频发生。

所以，我们不能为了自己的利益而伤害他人，也不能为了小团体的利益而伤害自然。人与自然的关系需要善巧处理，处理不好，会出现很多不妙的缘起。

本是同根生

回到兄弟问题上。和卜式爱护弟弟正好相反，三国时期的曹丕即位后，因为担心曹植威胁到自己的王位，便想杀掉这个弟弟。有一次，他让曹植七步之内作首诗，以表达兄弟情谊，但诗里不能出现"兄弟"二字，作不出来就是死罪。

由此曹植作出了那首著名的《七步诗》："煮豆燃豆萁，豆在釜中泣，本是同根生，相煎何太急？"

曹植说，煮豆时，豆萁在锅底下燃烧，豆子却在锅里哭泣。本来是由同一条根生长出来的，豆萁为什么要如此急迫地煎熬豆子呢？他用豆子和豆萁比喻兄弟，诘问曹丕，我们本是兄弟，你为何如此相残？

曹丕心感惭愧，放过了曹植。

纵观中国历史，兄弟相残的事件很多，不仅是王室，平常家族里也有，为钱为地位的都有，但结果都不好，小则家庭破裂，大则整个家族没落，甚至不能再延续下去了。所以，兄弟之间一定要和睦相处。

人活在世上，无非是为了追求人生的快乐，但要得到快乐，必须懂得做人的原则，不懂就不会做，不会做就得不到。所以，在学知识的同时也要学做人。

言语忍 忿自泯

言语上能够忍让，愤恨自然就平息了。

我们在和家人、同事、朋友聊天时，要学会考虑别人的感受，不能太过激烈，否则，"利刀割体痕易合，恶语伤人恨难消"，伤了别人的心还不知道。不过对我们自己而言，听到几句刺耳或挖苦的话，要忍，忍了也就过了。过了，就不要记在心里："十年前你说过什么什么……"不需要，忘得干干净净最好。

对一般人来讲，这两点都不容易，一个是当场忍下，一个是过后放下，都挺难的，需要些度量。

大肚能容

度量是可以练的，大乘教法很重视这种修炼。

修炼安忍时，通常的教导中会首先让你认识到，无论对方如何伤害你，也是被烦恼控制所引起的，并不自由。诚如《法华经》里所说："恶鬼入其身，骂詈毁辱我，我等敬信佛，当着忍辱铠。"他是因为烦恼恶魔入了身，才那样谩骂、诋毁、侮辱我，但我是真心信佛的，所以要穿上忍辱的铠甲。

其实忍过那一时，也就风平浪静了。

当然，很多人那会儿可能忘了自己还有一副忍辱铠甲，也忘了可以融解烦恼的大圆满宝剑，一下子被对方的恶语利刃刺伤，结果大动干戈，争吵起来——什么境界都没了，被烦恼弄得遍体鳞伤。

所以，平时要学些教法，像《入菩萨行论·安忍品》里所讲的道理就很好，学了之后要反复思维和实践。

古人也有个好方法：事前想想可能会有的后悔。后悔的经验谁都有，所谓"气后后悔，醒后后悔"，生气时不该骂的骂了、不该说的说了，然后后悔、惭愧、不好意思；做了不该做的，比如喝多了耍酒疯，醒了后悔。所以，有什么事先稳一稳，想想那些教训，然后忍下来。

有人说："忍太难了，我控制不了，不如发泄出来。"

但发泄也不解决问题，伤了别人，自己也后悔，不如忍。虽然说起来容易做起来难，但只要你的方法对，肯做，而且能坚持，我们从前的"小肚子"也就慢慢变成"大肚子"了，等你有了像弥勒菩萨那样的"大肚子"，那就什么都容得下、忍得下了。

弥勒菩萨的像，代表的就是宽容和自在：

"大肚能容，容天下难容之事"，菩萨的大肚子表示度量大，可以容下最难容纳、最难忍耐的事，冷嘲热讽、侮辱诋毁、攻击伤害……全部容纳。

"开口常笑，笑世间可笑之人"，菩萨总是在笑，笑那些可笑的人，自寻烦恼、斤斤计较、明争暗斗……这些我们自己有的话，想想也会觉得可笑、惭愧。

为法苦行

佛教里还讲到一种忍，就是为法苦行的忍。

1987年，从五台山回来，上师如意宝开始讲《释量论》。

上师每天讲，我每天辅导，就在门口的院子里露天辅导。那是冬天，地全冻了，但是所有人都坐地上，没有垫子，也没有板子，就坐地上。上师讲了四个月，我辅导了四个月，每天如此。后来的三四年也都是这样，就在我的那个院子里。

现在想想，一方面我们对法有热情，另一方面也确实有不畏寒冷的忍耐，有一种修行在里面。

这种做法放到今天，可能很多人受不了："太冷了，太累了，我都得风湿了……"不说你们，现在的藏族道友也不像我们那时候了，现在听课一定要有垫子，时间又不能太长。但时间长一点有什么呢？

佛学院居士林有位老堪布，七十多岁了，每次讲法都是三四个小时。看下面人有点疲厌了，他就批评："你们搞世间法从来不累，听个法有什么好累的？"

有一次老堪布去朝山，我弟弟也跟着去了。一早出发，下午五点才到，中间都没吃饭，饿坏了。下了车，大家挺高兴，以为要吃饭了，但老堪布说："走，去转山。"

神山又高又广，他们想："这走一圈要多久啊？"

结果到了神山脚下，老堪布说："今天难得来一次，我们磕大头转。"说完，老人就开始了，就像平时路上看到的那些三步一拜朝拉萨的人一样。几个年轻人又饿又累，但也没办法，只好跟着磕。就这样，磕着大头绕完神山一圈，已经是深夜了。

这就是老一辈的修行精神。他们修起法来，不论是那种劲头还是忍耐力，现在的年轻修行人都是比不了的。

不过，如果我们为了世间法也能努力和忍耐，那么，只要了解到佛法有多么好，我想，我们也会精进。

或饮食 或坐走
长者先 幼者后

或吃或饮,或坐或走,长者在前,幼者在后。

有人认为,不管和什么人在一起、在什么环境里,都不用分长辈晚辈,不用分先后,大家平起平坐。其实这是不对的。人要知礼、有礼,否则别人会看不惯你。就像在我们佛教团体,首先教的就是先后有序,道理上讲,行为上也落实,比如,戒腊长的一定先坐、先吃、先走,而戒腊短的随后,秩序井然。

古人传承这种理念,是让我们尊重长辈,同时也是教导我们尊重人世间的规律。所以,父母真的爱孩子,就不要总是"宝贝你先吃,你先来",而是要让孩子知道,一家人在一起,是爷爷奶奶先坐、先吃、先喝,然后是爸爸妈妈,最后才是自己。

从小明白这个道理,不管到哪儿都知道尊重长辈,知道先后有序,这样的孩子,别人会另眼相看的。

人跟动物的区别

现在有很多老师不重视这些,他们认为:"学好知识就可以,礼是多余的,现代人不需要。"

我的看法正好相反。很多知识是不需要的,但礼是必须有的,因为在古人看来,有礼的人,才算人。

诚如《礼记》中所说:"鹦鹉能言,不离飞鸟;猩猩能言,不离禽兽。今人而无礼,虽能言,不亦禽兽之心乎?"

意思是,鹦鹉能说话,但终究是飞鸟;猩猩也能说话,但还是兽类,所以,人跟动物的差别,并不在于能不能说话,而在于有没有礼。如果生而为人,却不懂礼,虽然能说话,但心与禽兽有什么两样呢?

"人面兽心""衣冠禽兽",大概就是这种情形吧,外面看着是人,里面却是禽兽的状态。

人是要懂礼的。在人类社会里,天然存在着父子、兄弟、师徒、朋友、同事等关系,而这些关系之间也都有一种秩序,遵循它就是有礼,就能保持好这种关系。否则,人不讲规矩、不讲道德伦理,人类社会就混乱一片,和动物的世界差不多。

荀子说:"人无礼则不生,事无礼则不成,国家无礼则不宁。"人没有礼义,就无法生存;做事不讲礼义,就不能成功;一个国家没有礼义,就不会安宁。

钱穆先生曾任教清华、北大,1949年迁居香港,后定居台湾,是著名的历史学家、国学大师。有一次,在与一位美国学者的谈话中,他说:"中国文化的特质是'礼',西方语言中没有'礼'的同义词。"后来这位美国学者就此写了一篇文章,叫《上一堂中国课》。

所以,我们在探寻西方文化的同时,也不要丢了自己的如意宝。古代强调礼,现在更应该强调。请记住孔子对自己儿子的教导:"不学礼,无以立。"

你不学礼,无法立身啊!

杀生供父母，非孝也

孔子的儿子叫孔鲤。为什么叫鲤？因为在他诞生的时候，鲁昭公送来一尾鲤鱼，因而得名。

我发现，儒教思想中经常会提到鱼，而且都是以孝的名义，比如二十四孝里的"卧冰求鲤"：大冬天里，继母想吃鱼，王祥便解开衣服趴到冰上，结果冰自己融化，从里面跳出两尾鲤鱼。此外，在一些图画书里，很多表达孝的画面，也是用盘子盛条鱼献给父母。

这种孝心很感人，但是否一定要杀生呢？佛教认为不需要。我知道，杀生尽孝的行为有其思想基础，比如"禽兽以时杀焉"，只要按一定时间杀就可以，有这种说法。由此很多教国学的老师也鼓励学生："你们一定要杀鸡宰羊供养父母……"但佛教认为，杀生是一种罪业。

而且，如果说"大孝终生慕父母"——一辈子爱慕、孝敬父母，这是大孝，我们承认；但如果说"大孝杀生供父母"，那我们佛教就不承认了。

我们认为，杀生供父母，非孝也。

所以，作为佛教徒，对《弟子规》、对国学有信心是可以的，但如果像某些人所说，"儒教跟佛教一模一样""不用学佛，学国学就够了"，甚至"《弟子规》完全超越《入菩萨行论》和大圆满"，这就太极端了，这样说的人不仅不懂佛教，也不了解儒教思想。

儒教思想是关于今生的、世间的优秀人格传统，这一点我们不否认，这次学习，也是想借此完善人格，这个我说过多次了。但孔孟之道里有没有讲前世后世，有没有讲轮回和涅槃？没有。

我们要断轮回、求解脱,就只有学佛教、修佛法,才能获得。

这些不同我稍微提一下,希望大家好好思索。

> 长呼人 即代叫
> 人不在 己即到

长辈呼唤人的时候,应该代为去叫;如果人不在,自己要到长辈面前,问有什么事,或有什么可以转告的。

有的孩子,长辈叫自己都不理,何况叫别人?但正确的态度是,有长辈叫别人时,我们在旁边,就要帮着叫,那人不在,应该回来跟长辈说一下。这样才有教养。

有的小孩做得很好。有电话找他父亲,如果父亲不在,他会跟对方说:"我爸不在。请问您有什么事,我告诉我爸,或者让他给您打过去。"这样对方就比较舒服。否则,说句"不在"就挂了,很没有礼貌。

利他的起点

我一直觉得,好的启蒙教育,会帮助孩子发展出一种关怀他人的理念。这种理念很重要。如果没有这个,孩子便会顺着习性,养成特别自我的习惯,并随着成长,逐渐形成日后的行为和人生态度。那时候,只要是跟自己无关的人,哪怕就躺在身边,快要饿死了,他也不会关心的。

因为他从小到大都觉得，这不是他的事，跟他没关系。

帮着找个人，为人指个路，这种事确实很小，但如果孩子因此有了利他的起点，就不是小事了。佛教认为，别人的事就是自己的事。如果父母从这些小事教起，让孩子从被动地做，到主动自愿、不求回报甚至是很欢喜地去帮助他人，那我觉得，这是最成功的教育。

有了利他的起点，懂佛法的父母还可以进一步发展孩子对一切众生的爱和恭敬。当然，这通常还需要修行。

真正的修行人，会不分种族、地域、国家地爱一切人、一切生命。他已通过修行，将所有心愿和行为完全导向了他人的快乐和满足；而与此同时，他对所利益的任何一个人或生命又满怀恭敬。

真正的修行人，为领导、上司或有身份的人服务，没有攀附的心；为穷人、病人或可怜无助的人服务，也没有居高临下的姿态，只是一味平等而恭敬地奉献，的确是修行。在佛教里，这样的人会得到佛法的提升，诚如印光大师所说："有一分恭敬，则消一分罪业，增一分福慧。"

所以，我们应该恭敬一切人、一切生命。

当然，说是比较容易的，听了想做也不难，"我以后一定要一视同仁，恭敬平等地利他……"但一旦遇到毫不相干或关系不好的人，要真正为他做点什么就难了。

不管怎样，这是我们的目标，至于能不能达到这样的境界，能做到多少，就看自己修行的心力了。

心力

修行的确需要心力。有人只修了很短的时间，就能够修起来，进步很快；而有的人因为宿世的罪业太多、习气太重，到了今生，虽然依止善知识、听闻佛法很长时间，但对治力始终薄弱，智慧开启不了。

阿育王时代就有这样一位比丘，他出家六十年，却连一个偈颂都不会讲解。我发现有些道友也差不多，出家时间不短了，修行却不见有什么进步，做人方面也和刚来时差不多，已经听了许多最好、最深、最珍贵的法，但各方面好像变化不大。

当然，作为传讲者，我也很差，没有修证，但我所传的法很殊胜，我的传讲也符合经教的意趣和传统。这就像我经常讲的那种情形：一个很会弹奏乐器的聋子，他自己虽然听不到，但弹奏出来的美妙乐音却可以给听者带来安乐。所以，我总是祈祷上师三宝加持，凡是来听我法的，都能得到一些利益，有一些转变。

为什么有人来了没几个月，半年一年，修行就有很大进步，行为改观很多？主要是有心力，对于学习佛法、修行佛法有着强烈的意乐。希望大家把心力提上来。刚才说的那位比丘，后来就是在树神提醒下幡然悔悟，并勇猛精进，只用三个月便证悟了阿罗汉果。这就是心力。

我甚至认为，能把这句"人不在，己即到"在生活里真正做到，也要有点心力。

有人觉得太容易了，谁不懂？"堪布不要耽误我的时间了，我要念咒、修加行……"

念咒是很好，但这里面的利他心态——"那个人不在，我来"，那种菩萨该有的为他人服务的仆人心态，我们发了菩提心的人，有没有？能做到吗？很多人还不是那样，只要不提自己的名字，也没叫我，跟我有什么关系？

词句虽浅，但做到很难。

称尊长 勿呼名

称呼长辈、老师、上师，都不能直呼其名。

《事师五十颂》里说，称呼上师时，要在前面加上"尊敬的""尊贵的"之类敬语，以示爱戴和恭敬。

智慧从恭敬心生

可能你们注意到了，我在讲《弟子规》的每一个行为时，总会提到一点：恭敬心。恭敬心很重要。有了恭敬心，才能做到表里如一；有了恭敬心，才能生起世间和出世间的智慧。佛教告诉我们，智慧从恭敬心生，没有恭敬心，不仅修不上去，还会出现障碍。

当年释迦牟尼佛成道前，曾与憍陈如等五人一起在尼连禅河畔苦行六年。六年后，佛陀前往菩提伽耶，途中享用了牧羊女供养的乳汁，去了金刚座。之前陪同佛陀苦行的五人，见佛陀食用了正常饮食，以为他不再修行，便离开他，前往鹿野苑继续自己的苦行。

佛陀在金刚座大彻大悟，四十九天没有说法，后经梵天祈请，答应说法。那要先对谁说呢？佛陀观察，本来有两个外道根基不错，但可惜都已离世，再一观察前世因缘，发现憍陈如等五人是最适合的所化。于是佛陀前往鹿野苑，找弟子去了——现在有很多上师、活佛也是如此，不用弟子来，上师自己去，是不是那时候的缘起？

佛陀来到鹿野苑，五人远远看见，私下商量："乔达摩是放逸者、破戒者、不如理行持禅定者，不要理他。"

但等佛陀来到面前，他们见到佛陀有如太阳光芒映蔽群星一般的庄严身相，一个个不由自主背弃前约，上前迎接、承事，为佛陀铺设坐垫，请佛陀坐下。

佛陀坐好后，他们仰望着佛，但又不知他已成佛，略带不恭地问道："具寿乔达摩，你是不是获得了前所未有的成就？"佛说："你们对如来不能直呼'乔达摩'或'具寿'，佛是三界导师，具有无碍的智慧与慈悲……"

五人听了，马上向佛陀顶礼悔过，行弟子礼，请求佛陀传法并摄受出家。佛陀观察要在哪里传法，这时贤劫千佛的法座现前，佛陀向前三佛的法座顶礼右绕，坐到第四个法座上，放大光明，说四谛法。说法后，五人与八万天子全都获得了圣果。

这就是智慧从恭敬心生，是一种缘起。

我希望大家都能尊重这一传统，即使在什么都"平等"的今天，也不要对尊长或上师直呼其名。这一传统在佛教里保持得很好，尤其是汉传佛教，我常听到"上某下某法师"这样的称呼，非常好。有一次看到，有人把我的名字写成"上索中达下吉堪布"，加了个"中"字，符合因明推理，也算是一种尊称吧。

当然，我们对父母和老师也一样，不能直接呼名，要称呼"李老师""张老师"，这样才恭敬。

常用敬语

此外，在日常生活以及行住坐卧中，也要常用敬语。拉萨一带特别注重使用敬语，对人很尊重。我到汉地也常能听到，比如"请"字，"您请坐""您先请""请慢用"……不过，这些不仅在酒店、会议厅等各类正式场合要有，平时交往中也应该用。

我觉得，如果在日常生活里听不到"请"字，听不到古圣先贤的教言，看不到普通的礼节，是一种悲哀，因为这关乎国人素质。处处有所体现是最好的。

最近我关注了一下这类文化现象，发现藏地在取名上也有一些变化。过去藏人取的名字都有象征意义，要么跟佛法有关，比如"吉祥""胜幢"之类，要么跟传统文化或自然界的山川有关。可现在有些名字不知道是什么意思，不伦不类，好像随便取的。我觉得这样不好，良好的传统还是要继承，不能放弃。当然汉地也一样。

时代是有些不同了，然而，在这个新的时代里，我们在享受物质文明的同时，如果也能看到传统文明的复苏、道德的提升，人与人之间因为有了更多的尊重而使整个社会变得和谐，那才是一个光明的世纪。

遗憾的是，有些东西现在只能在文字上看到，行为上看不到了，再过几代会不会全部隐没，谁知道呢？

我希望有志之士们拯救传统的努力能够得到认同，也希望人人意识到自己有份责任——你不一定要办学校，不一定要大范围传播，只要能对身边可以影响到的人介绍一下传统知识，就是一种贡献。

对尊长 勿见能

在尊长面前，不要炫耀自己的才华、才能。

华智仁波切说："别人不问，不要自说经历。"

这是很好的教诫。尤其是在自己的老师或上师面前，"我这个怎么、那个怎么……"不可以。有些人一讲起话来大半都是说自己，但在自己的老师面前，要尽量地表达尊重、恭敬，这样比较好，不要自我宣传。

有一次，我在某县城拜访一位老教师。那天，他有一名当了县委书记的学生也来了，两人十几年没见了。我想学生本该表达感谢，没想到，这位领导一点不客气，一上来直呼老师大名，接下来就自我宣传，"我如何如何……"结果，老教师有点不太愉快。

我们要记住：在老师面前，我们永远是学生，不论自己有了什么样的地位，也不要丢掉师生之礼。我觉得佛门在这方面古风犹在，后辈对前辈、弟子对师父，该怎么做就怎么做，如理如法。

可能我们不知道，在缘起上，今天你一个小小的尊敬行为，对一生甚至来世都有极大利益。

"我是众生的仆人"

春秋时期,齐国的相国晏婴有一名骄傲的车夫。有一次,车夫驾车经过自家门口,挥鞭赶马,得意洋洋、神气十足。这一幕被他的妻子看到了。等车夫回家,妻子很严肃地劝导丈夫说:"你看我们的相国,他多么具有才华和智慧,又声名远播,但他不论到哪儿都是那么谦恭有礼、甘居卑位。你不过是个车夫,为什么如此张扬?"

听到妻子的批评,车夫羞愧不已,从此改掉了那些傲慢的习气,变得谦卑起来。晏子看到他的改变,很好奇:"你好像变了?"车夫以实相告。晏子觉得他是可造之材,便提拔了他。结果他也确实做得很好。

从这则公案里,我们可以学到很多东西。就像改变前的车夫一样,现在有许多在社会上做事乃至在山里修行的人,都觉得自己了不起,经常说自己的功德。其实这些功德值不值得说,是不是真正的功德,还不好说。就算你真有点什么,也不要在长辈、老师或上师面前炫耀,因为傲慢是谁都看不惯的,也不符合做人的规范。

《礼记》中说过:"傲不可长,欲不可纵,志不可满,乐不可极。"我们不能任由傲慢滋长蔓延,否则就会带来很多失败和祸患。

我建议大家经常观察,看自己是不是自以为了不起,如果是的话,那看看自己为他人、为社会,做过什么有利益的事。可能不多吧。

再看看那些真正在付出的人,他们为人类、为众生做了什么,又说了什么。尤其是那些大乘佛子,他们散落在社会的各个角落，为社会做了那么多，但在任何场合里，都听不到他们说"我如何如何"。为什么？因为他们没有那么强的"自我"执著，他们认为，为众生付出理所当然，因为"我是众生的仆人"。作为众生的仆人，为主人做事，有什么可宣传的？

我们修行人要学的，就是这种仆人精神。

路遇长 疾趋揖
长无言 退恭立

路上遇到长辈，要赶紧过去行礼问候，看长辈有什么吩咐。长辈没什么吩咐，就退到旁边恭敬地站着。

可能有人想，这样傻站着，不是浪费时间吗？

一方面是这样。在今天这个时代里，大家的脚步都很快，正飞快走着，突然停下来站着、等着，是有点不合节拍。毕竟，现在不是古代，现在的人也不像古人那样悠闲。佛陀制戒时也说，以后有些细则可以根据时间、地点以及人们的生活习惯做些变通。所以，时代变了，人们的认识变了，形式上不一定非要照搬。

但是，内心的尊敬还是要有。在佛教团体里，见了上师不打招呼的几乎没有，除了太近视的人看不清，上师已经走过去了，才反应过来，"噢，是上师"，赶快摘帽行礼。除了这种情况外，不敬上师的很少。

礼是自然的

不是说非得怎么样,但是,如果一个人真能像这里说的那样,停下来,心怀恭敬地对长辈行礼,我认为很值得提倡,因为这是一种本分。真诚行礼,不是对方得到了什么,也不是你想得到什么,是我们通过适当的言语和神态向对方表达尊敬,仅此而已,是发自内心、自然而然的行为。

有一次,孔子走过庭院,子路正在读书,见老师来了,立刻鞠躬行礼。孔子没看到他,倒是被园里的花陶醉了,驻足良久。这时子路就那么站着,不敢动。等老师回过神来发现他的时候,他的脚都站麻了。

孔子很高兴,赞叹说:"子路是最懂礼的好弟子。"

古人行礼,腰弯得很深,藏地也是这种传统,一看就很恭敬。不过,就算没有这样的发心,仅仅是出于服务工作的需要,这样做也挺好。比如下飞机时,空姐对每位乘客都微笑着说:"再见,请慢走。"也让人感受到尊敬,心里很舒服。我有时都想:她们是不是菩萨的化身,对人这么恭敬。

其实也不是大的付出,但你会觉得亲切、温暖。

刚才说礼是自然的,既是自然的,就要有个度,同时也要看师长的态度。像我的话,有人在路上跟我遇着了,打个招呼就可以,一直站着或过于恭敬,我就不舒服。有一次,路上有个人向我磕头,我赶紧走掉,他起来一看,人不见了。别人都看着他,不知道向谁磕的,还以为他是去磕大头朝拉萨的呢。续部里说不能背对上师,所以见过上师,离开时要面朝上师往后退。但有个居士不看场合,就这样退,结果被东西绊了,摔倒了。

由此可见，即使行为如法，也要掌握分寸。

《事师五十颂》里说，令上师欢喜的事要做，而上师不欢喜的，就尽量断除。所以，怎么行礼，也要看上师的态度。但不管怎样，这里我们最要强调的就是恭敬心，当人人都有了恭敬心，社会也会变样子的。

永远尊敬你的老师

宋代学者杨时曾经在程颢那里求学，程颢死后，他与游酢一起去拜见程颐。程颐也老了，不想收徒弟，所以二人几次被拒。有一天中午，他们又来程家，见程颐正在午睡，不敢打扰，便站在门外等候。当时正值严寒，下着大雪。等程颐醒来，开门一看，外面已经积了一尺厚的雪，他们一直站在那儿，都成了雪人。程颐很感动，将他们收下了。这就是有名的"程门立雪"。

后经老师悉心调教，二人学问大长。其实我们也一样，如果不是老师教，很多道理是会不懂的。所以，我们对自己的老师，不管是小学、中学还是大学老师，都要尊敬。

去年我遇到一位小学代课老师。说起当年的情形，他很开心。他的学历不高，我称他老师，尊敬他，让他有些不好意思。但我的确认为，就算只教过我一个字、一个偈颂，也是我的老师。古人说"一日为师，终身为父"，所以，我一生都会记得老师们的恩德，尊敬他们。

有一次，慈诚罗珠堪布和我去一户人家念经。那家有位上了年岁的妇女，堪布对她说："您是我的老师。"她惊讶得说不出话来。后来堪布说："她是我的小学老师。"

我们以前都有自己的老师，现在我们学佛了，出家了，也不要忘记他们。如果老师信佛，可以给一些加持品；如果不信佛，那我们就在心里默默祈愿他们今生来世都获得快乐。

我们要尊敬自己的老师，这是做人的基本品行，不论将来有了什么样的地位，永远要尊敬你的老师。

世间讲尊师重道，而佛教如《事师五十颂》《如意宝藏论》《大圆满心性休息》等教言中，更是处处强调依止上师的道理，这里不用再多讲了。

骑下马 乘下车
过犹待 百步余

路上遇着长辈，骑着马的要下马，乘着马车的要下车，等长辈走过去，还要目送一百余步，自己才能走。

现在马车已不多见了，只有个别地方还有。不过这里的要点是，等长辈走过去之后，不能掉头就走，还要目送长辈走远。这个目送，古人是很讲究的。

目送

李白在《黄鹤楼送孟浩然之广陵》那首诗里写道："孤帆远影碧空尽，唯见长江天际流。"朋友坐船走了，李白站在岸边，目送小船孤独的身影慢慢消失在碧蓝天空的尽头，帆影不见了，只看到江水向天边流去。

如此目送，时间不会很短。估计孟浩然也一样，站在船上望着岸边的李白，直到看不见为止。

我们平时是怎么送客人的？往往刚送出门，就"砰"一声关上，那客人肯定不舒服，觉得你巴不得他离开。如果能送到楼梯口或电梯口，一边看着客人下楼、进电梯，一边说"慢走，拜拜"；或者送下楼，等客人上了车，轻轻帮他关上车门，挥手道别，目送车子远去，那对方心里一路都会回荡着你的善意。

这样送别不仅有情有义，也充满敬意。"敬人者，人恒敬之"，友谊里有敬心，才会维持得长久。

今天的人渴求知识，这一点很好；但如果认为只有知识就够了，忽略人与人交往的细节，也是一种欠缺。我们学佛也一样，一方面要学习佛教知识，以此作为修行的基础，但同时也要学习做人的道理。

符合经论的语言，如同佛语

弥勒菩萨说：任何教言，如果它符合经典论典的意义，能帮助我们对治烦恼、提升善心，那就如同佛语，我们应该像顶戴佛语一样顶戴它。我觉得《弟子规》就是这样的教言，不要轻视它。

我很担心你们轻视这些道理，尤其那些有着本科、硕士、博士学位的出家人或在家佛教徒，会认为这些词句太简单。但仔细想想，从小到大，我们有没有系统学过这种做人的知识？很少吧。我们的文凭里面，有没有关于人格方面实践性的教育和培训？几乎没有。

所以要好好学。因为作为修行人，我们不论生活在佛教团体还是走向社会，都应该首先是个好人。

做好人，才能学好佛，这是佛教各派的重要共识。

印度的龙猛菩萨、马鸣菩萨，汉地的憨山大师、印光大师，以及藏地的无垢光尊者、宗喀巴大师、萨迦班智达、麦彭仁波切等高僧大德的论集里，都专门留下了各类人文格言，供后人学习。而我们的大恩传承上师法王如意宝也格外重视人格教育，在我的记忆里，上师在课堂上常常强调的就是做人。如果我们真的希求成就，就不要轻视人格规范，一定要好好学习做人的规范。先做人，再做佛。

我知道，佛学院很多道友对甚深中观、无上密法都有些领会，也希望不断学习和修行，但我们也要看到，将来自己要去帮助的那些人，多数是很难接受这些的。所以，我们学《弟子规》，不仅可以了解古人的风范，可以自我完善，而且有了机缘，也可以通过这种人格规范来随顺众生，在传授佛法的同时做些方便接引。

这次讲《弟子规》，前面说过，我没有传承——藏地很重视传承，所以只是一次辅导，我们共同学习。我的理解跟你们一定有相同之处，也有不同的地方，但没关系，不同的理解可以带来不同的收获，这是肯定的。

长者立 幼勿坐
长者坐 命乃坐

如果长辈还站着，晚辈就不要坐下；等长辈坐下，招呼大家坐下时，才可以坐下。

这种场面，我们在电视上经常可以看到。当举行一些国际高层会议时，大领导走进来，走到自己的位置，还没坐，大家也都站着。这时候不能坐，谁坐会招人笑。领导刚坐下也还不能坐，要等领导示意大家坐，才可以坐。普通的学术交流或一般场合也都同样如此。

不过老师讲课是站着的。老师走进教室，班长喊"起立"，同学们都站起来，老师走上讲台，"坐下！"大家都坐下，老师开始讲课。

长辈站着，晚辈是不能坐的，这种常识如果不懂，长辈或老师来到家里，自己却坐着不动，就太失礼了。如果不只是行为失礼，心里也不尊重长辈，那日后进入社会就前途堪忧了。所以，从小要接受良好的教育。

五伦

孟子认为人与人的关系，有五种层次："父子有亲，君臣有义，夫妇有别，长幼有序，朋友有信。"这就是五伦，这五种人伦涵摄了人类所有关系的准则。

第一，父子有亲：父母与子女之间要有亲情。父母慈悲、关爱子女，子女孝敬父母，一家人才能和谐。

第二，君臣有义：在今天，这就是指领导者与被领导者之间要有道义。作为领导，要仁慈、公正，爱护下属；而作为被领导者，要忠厚、诚实、恭敬，不能欺骗上级，要尽心尽力完成分内之事。

第三，夫妇有别：丈夫与妻子之间要有分工。古人是丈夫主外，负责家庭的经济来源；妻子主内，负责家务以及孩子的抚养和教育。藏地也一样。现在虽然有些变化，但还是有分工的。

第四，长幼有序：长辈与晚辈之间要有次序。

第五，朋友有信：朋友之间要有信。互相信任，讲信用，不欺骗对方。

这五伦就是五条道，是我们在人生各个阶段、身处各种关系时，必须遵循的五种规律。比如孩提时代，在家里有父子、长幼关系，要有亲、有序；到了学校有长幼、朋友关系，要有序、有信；成人之后，又多了君臣、夫妇，当然还是有朋友、长幼、父子；而即便到了晚年，直至离开人间之前，也还是这五伦。

所以，人生说起来也简单，五伦做好了，爱并尊重你所面对的每一个人，就是美好的人生。

遗憾的是，这种简洁而深刻的道理，在今天的教育里是看不到的。学校只看分数，父母老师也认为高分数是优质人生的基础，而学生心里只想着成功。这样一来，十几、二十几年的书读出来，德育始终没有跟上。

我们看到，现在很多人喜欢抱怨，不管到哪儿总觉得周围都是坏人，这个不好、那个不对，只有我是好人，所以我委屈、我倒霉……其实，别人看不惯我们，很多时候是我们自身的问题。这时候要多观察自己，看自己是不是有义、有序、有信，是不是尽了本分，是不是以善意待人——当然，这也要学了才懂。

我确实觉得，和古人相比，今天的我们更需要用传统道德约束自己，原因很简单：古代的物质少，物欲也小，而现在是物欲膨胀，但欲望这个东西，得不到痛苦，得到了不满足还是痛苦。所以，要懂自律。

自律不会限制幸福，相反，它会带来更大的自由。在一个团体里，如果有一种教育让每个人都能自我约束，就会减少很多管理压力。我觉得佛教教育就有这种力量。像我们喇荣五明佛学院，几千人一起生活、学习和修行，这么多人搁到哪儿都不好管，但在这里，因为佛陀伟大精神的感召，人人乐于向善、羞于造恶，没有贪污，没有伤害，所以也就不需要保安、警察。

这就是和谐，不是因为法律，而是自律。

一句"没看见"，眼珠落地

回到长幼问题。在尊重长辈的问题上，佛教和儒教一样，对弟子如何承事上师有很多严格要求。比如，上师站起来了，弟子不能躺着、卧着或端坐，否则就不恭敬。如果装作没看见，那问题就更大了。我讲个故事：

有位弟子在某地传法，远远看到上师过来，但自己正在法座上，不好意思起身拜见，就装作没看见。法会结束，他后悔了，赶紧到上师面前顶礼。

上师说："刚才你为什么不来顶礼？"

弟子说："刚才我没看见您。"

话音刚落，他的眼珠就掉到地上。他痛苦哀号，祈求上师宽恕。上师慈悲加持后，他就恢复了。

从这个故事我们看到，上师是非常严厉的对境，在上师面前说妄语，果报立刻会出现。

所以，今后不管从儒教还是佛教的角度，我们对自己曾经得过法的上师、得过世间知识的老师，虽然没得过法但戒学很高、有功德、有学问的人，或一般的长者，都要恭敬。当然，如果你通过修行，有了慈悲心和清净心，把所有众生都视作父母，就更好了。

《弟子规》里讲的这些道理，好像很简单，无非行住坐卧，但那天我看的时候，一边看一边想：这位作者是不是大菩萨？传记中虽然没提他是佛教徒，但我总感觉他的语言深刻而精准，一般人写不出来。

我不是说他就是谁谁谁的化身，是大成就者，我的确不知道，也不是要这样说。我只是在想，为什么这部《弟子规》自撰著以来，会传播那么广、为那么多人所熟知？而且，为什么每个人学了以后，又对断恶行善、人格塑造和身心调整起了那么大的作用？

我们知道，诸佛菩萨会以各种方式化现世间，所以有续部要求对外道也不能毁谤，否则犯密乘戒。那这位作者和这部《弟子规》，是不是就是这样的化现呢？

当然，我们不必揣测，但我一向认为，只要是对众生有利的教言和作品，都值得我们尊重和学习。

尊长前 声要低

在尊长面前，说话的声音要低。

说话要以让人听到、听清为宜，如果声音太大，特别是在师长、长辈面前，说话像打雷、放高音喇叭一样，就有失恭敬了。

说话的声音要低。

寂静行事

不仅说话声要低，就是走路或者做事，也要保持寂静，以免影响他人。在公共场合影响别人是不礼貌的，而修行人的戒律则告诫我们，如果因为大声喧闹，或发出嘈杂声影响了别人的禅修，过失很大。

以前上师如意宝在强调纪律、教诫修养德行、成办事业的时候，经常引用《入菩萨行论》的教证："水鸥猫盗贼，无声行隐蔽，故成所欲事，能仁如是行。"水鸥、猫、盗贼，这三者的行为无声而隐蔽，不引人注意，所以无碍成办了自己的事，佛陀也是如此。

由此可知，我们平时在修行和利他过程中，保持寂静是非常重要的，不要发出很大的动静。

还有一点要记住，这是《事师五十颂》里教诫的，就是在上师能够听到的附近地方，不要说闲杂话语，要小心谨慎、不放肆，衣着整洁如法，身心调柔。

低不闻 却非宜

声音也不能太低，太低了别人听不到，也不合适。

特别是在大众场合，记得有一次上师如意宝批评说："你们有些尼众讲考声音太低了，低着头，问什么都是支支吾吾，这样不对，该说的时候大胆说，让我们在场的每一个人都能听到、听清、听懂。"

说话讲究分寸

说话有很多学问。麦彭仁波切在《君规教言论》中专门写了一个语言品，其中除了声音高低，对该说什么不该说什么、说多说少等，都有很多观察。

语言能体现人的性格特征：精干的人会抓要点，语言简洁有力，一句话包含很深的道理；散漫的人思想分散，语言啰唆，说半天自己都不知所云。肚子里面有没有、会不会说也是问题：有人一肚子理论，但说不出来，自己也着急；有人肚子里什么都没有，但喜欢说，说完了，自己和别人都没感觉。

所以，语言这件事不仅是说话问题，内心是否有一些积淀、有一些成熟的思考，很重要。

好的讲话是有感染力的。比如素不相识的人坐在一起，有人站起来讲话，讲完就完了，没什么印象。但有的人一讲，你的心就被抓住了，他的精彩语言，让你不由自主地生起敬意。语言确实有这个力量。

此外，说话也要看场合。在比较随便的气氛里，如果你的性子直，直着说没问题。但如果是在上师、老师或长辈们面前，不论小事大事，带着恭敬心说，才是恰当的。否则，就算你再有道理，但说话很冲，像下命令一样，就不太好了。虽然理直，但不妨气缓，这也是一种修养。

所以，说话是要讲究分寸的。

进必趋 退必迟
问起对 视勿移

上前去见长辈，步子要快，告退时要慢；长辈问你话，要站起来回答，而且要看着长辈，不能东张西望。

进退之间要合乎礼。当你去见老师、上师时，心情要愉悦，动作稍快一点，慢吞吞地好像不愿意去，有些不恭敬。而告退时不能太快，巴不得离开一样，"啪啪啪"跑掉，也不行。因为刚刚得了教诲，多少有些依依不舍，慢慢离开，这样比较恰当。当然，也不能太装。

见面过程中，长辈问话，要站起来回答，而且目光要专注地看着长辈，不能左顾右盼。

前不久有几位老师来见我，带来十几个孩子，有些表现挺好，有些不行。

我问一个孩子："你叫什么名字？"他不回答，也不看我，光顾着和别的孩子闹。问了两遍都这样，我就不问了。这说明老师没教好。按理说，他们应该对我恭敬才对，我是他们老师的老师嘛。

当然，他们是第一次见我，我理解，老师们也不懂，学了《弟子规》后要好好教他们。下一次再问"你叫什么名字"，要马上回答，"我叫益西多吉""我叫胖胖"……这样多好。

汉地这方面教得好，孩子懂规矩，叫他念佛，马上合掌，"阿弥陀佛"；叫他磕头，马上有板有眼地磕，非常可爱。

说到底还是教育问题。父母教什么，孩子就学什么。听话也是教的。听话的人绝对不笨，听话的孩子，对长辈有恭敬心，将来到了老师、领导、上师面前，一定是有问必答、有令必行，成长得很快。

还有就是眼神。一个人的心清不清净，有没有定力，从眼神就能反映出来。所以，对话时要专注，视线飘忽不定会让人起疑，"这是不是个坏人？"或感觉不礼貌。

现在人交往很讲究礼节，国内国际都一样，为生存也好，为提高人生品质也好，很多人在学这些。

小行为有大道理，要学。

学，才能知"道"

古人说："人不学，不知道。"天有天道，地有地道，人有人道，我们虽然生存在地球上，但如果不学习相关的知识，就不会知道属于我们人的道。

作为一个人，该做什么、不该做什么，这就是道。宇宙里每一个星球都有轨道，在自己的轨道上运行，就会持久，而一旦离开轨道，就毁灭了。人也一样，只有遵循做人的规则，才会拥有人的尊严。因此，我们都要学习做人的规范，无论是传统的或者宗教的。

学，才能知"道"，也才能入"道"，成为真正意义上的好人，就像一匹野马经过驯服，才能成为良驹。

古人说："三日不读书，面目可憎。"

我很喜欢这句话,很深刻。我有种感觉,有的人来佛学院听法,每天听课的那段时间,人就面目可爱、调柔温和。但后来不知什么原因,也许是业力现前还是非人教唆,不来听课了。不听课人就变了,我看见都有点怕,感觉有种野蛮和粗鄙之气,好像不属于这里。我也一样,下山一个月,就开始担心:"我现在是不是'面目可憎'了,人家是不是怕我?还是回去吧,讲讲法、看看书……"

还是要学习,最好学一辈子。我就佩服一些老法师、老修行人,他们不是一两天、一两年地学,真正是活到老学到老、学到什么做到什么,而且还要教化世人。学习的意义可能就在于此:自化化他。

我知道,今天的人们都重视学习,也正在学习着大量的知识,但这里我想强调的是,最好也能学一些古老的智慧,掌握一些调伏烦恼的方法,以便有技巧、快速地处理负面情绪。这对现代生活尤其重要。

也不用多,一两本书,每天几段,长期坚持就够了。

事诸父 如事父
事诸兄 如事兄

对待所有叔叔、伯伯等尊长,要像对待自己的父亲一样,恭敬侍奉;对待所有同族兄长,比如堂兄姊、表兄姊,要像对待自己的兄长一样,恭敬侍奉。

这种思想，如果指的不仅是自家父兄，而是所有父辈兄辈，那就比较高了。然而这种境界，不说今人，就是在古人那里，能做到的估计也不多。确实不容易做。

这是一个尊老的问题。

老吾老，以及人之老

孟子说："老吾老，以及人之老；幼吾幼，以及人之幼。"我们孝敬自己的老人，由此推开，也应该把世间所有老人当作自己的老人那样孝敬；我们抚养、教育自己的孩子，由此推开，也应该把世间所有孩子当作自己的孩子那样抚养、教育。这和孔子"人不独亲其亲，不独子其子"的说法一脉相承：作为人，我们不应该仅仅赡养自己的父母双亲，也不应该仅仅抚养自己的子女。

1998年，有一名叫张宝珠的护工办起一座"父母村"福利院，收留孤寡、患病的老人千余名。触发她做这件事的起因，是在照顾瘫痪的父母及婆婆十几年后，偶然有一天，看到邻家一位七十岁的老人也是同样情况，于是心生一念，租了几间房，办起这家养老院。

这就是"老吾老，以及人之老"。

在这样一个理念基础上，如果把它从人的层面推广到一切众生，就接近佛教的慈悲菩提心了。菩提心是可以修的。修习菩提心的理论告诉我们，一切众生都曾做过自己的父母，为了救度所有父母有情，为了令他们离苦得乐甚至成就正觉，我们要发愿成佛。因为只有成佛，才能实现圆满救度。这就是菩提心，最伟大的心。

正如我再三提醒的，世间所有的爱都很伟大，但因为佛教是把爱建立在对一切众生上面，这种广度，其他思想里没有；而这种爱又不是一生的关怀，是要把众生从漫长的生死流转中解救出来，这种深度，也只有佛教才有。

所以，在学习人格规范的同时，介绍些佛教理念，会让我们对世间和出世间的道理都有一种概念性了解，而这种了解，可能也会帮助我们对爱或善的层次有一些新的认识。

我希望有这种效果。当然，在这个社会里，我们还是先把人做好，就算做不到把别人的老人当自己的老人，别人的孩子当自己的孩子，也不要像有些人那样，把自己的老人当别人的老人，自己的孩子当别人的孩子。

传统是我们的根

这些尊老爱幼的传统是我们的根，但就目前的现状来看，虽然文字上还有，现实中却很少见得到了。

当代人往往羡慕西方的人，喜欢追求西式的开放生活，以为这样就是先进和时尚的。崇拜科学的人，以为科学就是一切，甚至小学课本里也处处是那些科学家的名字，但是，是不是每个人都能成为那样的人物呢？显然不是，大家注定要过各种各样的生活。而在这些不同生活中，有一点却相同：一个人具有什么样的生存和服务社会的能力，首先看他是不是一个合格的人，是不是思想健康、会为人处世，而且有利他心。

所以，首先教会孩子做人，才是教育的重点。

如果教育抓不住这个重点，那么即使学生拿到硕士、博士学位，也很难找到合适的工作，即使有了工作，也不一定能适应得好。而且，还有一个问题是，很多人学了那么多年知识，最终却用不上，生活用不上，工作也用不上，很可惜。

既然做人是教育的重点，那该如何教呢？当然是用传统文化来教。否则，丢弃这一根本，一味模仿西方，最多只能学到点形式。因为西方文化的根在西方，他们的一整套生活理念和习俗由此衍生，我们学来西方文明的形式，却失去了自己的传统之根，想想看，这是一种什么感觉？

我们应该以自己的传统为荣，因为这才是我们的立足之本，有了它，不论你站在哪儿，都立得住。

汉地人学西方、藏地人学汉地是可以的，但这并不表示我们要把别人的东西全部拿来，自己的东西全部抛弃，开放不是这个意思。开放的意思是，立足自己的根本，然后有选择地接受那些有价值的东西，这种开放可以激发自身的发展，而全部接受，就失去自我了。

所以，真正会学习的人有鉴别能力，他会在比较中看到自家传统的美，会珍视它。他知道，传统虽然古老，但它启迪人性的力量从来没有改变过，它不会陈旧和过时，更不会伤害人性。相反，学了点外来知识，就忙不迭把自己和传统划清界限的人，迟早会失败的。

前几天我看了青海那边拍的一部小电影，它说的是：有几个藏族年轻人，曾经认为藏地民间那些以佛教和传统文化为背景的故事是迷信，所以他们要学新知识。但在探索所谓新知识的过程中，又渐渐发现，自己的研究失去了文化的根基。为了寻根，他们开始四处求教。

而就在求教的旅途中，他们看到一种无奈的景象：多数继承了传统的老人已经纷纷离世，他们手上的技艺或知识，因没有新人接续，从此失传。

这时，几个年轻人陷入深深的懊悔和自责。

用传统守护心灵

这些年经济发展，人们生活水平提高，很多人认为过上了幸福生活。然而事实上，真正的幸福跟物质关系不大，相反，物欲追求只会令人不知满足，以致令道德伦理隐没，这样一来，人们将越来越难体会到什么是幸福。

而比这更不幸的是，暴力、色情的书籍、影视、媒体和网络游戏，已经直接冲击了我们下一代的心灵，伤害深刻而长远。要知道，人在贪欲、嗔心面前相当脆弱，很难对治，而现在的诱因又处处都是，问题更严重。

例如，孩子在游戏中经历将人头砍下、鲜血喷出等杀戮过程，就等于是在培养嗔心和伤害，等他长大了，很可能毫无悲心，伤害他人有如砸石块一般，没什么感觉。

可能有人对这种说法不以为然，觉得物质进步就是人类进步，繁华说明一切。你看我们穿得花花绿绿，住高楼豪宅、开高档车，比古人不知强到哪里去了。

物质是进步了，我承认，但心灵呢？

古人厚道、纯朴，有清净心，而且相互关爱，这些我们还有吗？其实心灵更需要进步，否则，一如现在，当物质发展桎梏了善良，人人为了利益牺牲人性，整个社会充满冷漠、不道德竞争甚至狠戾之气，值得吗？

还有人认为，城市进步，农村落后，不就说明一切了吗？落后当中，有什么价值可言？

对于这个问题，我相信，不仅是惯于哲学思考的人，就是对于物质生活比较能看淡的人，都会提出反问，并给出相反的回答。而我的理解是，有价值的文化，是可以体现在进步事物中，但有些所谓进步，其呈现给我们的以及其背后的推动思想，却不一定有价值。

记得前些年，我写过一些文章，但没有发表。当时我的主要观点是，由藏地的清净山川以及古老佛教智慧孕育的传统文化，是最美好、最有价值的文化，然而，这些文化将来很有可能只掌握在少数田头山间看似老土的老农牧民或隐居山林的修行人手里，而那些代表进步的知识分子，说不定会把它当做石头一样扔掉，根本不知道这是如意宝，是自己的文化之根。

如今，基本也应验了。许多年轻藏族知识分子对自己的文化一无所知，无力继承，也没有兴趣，他们关心的也是那些物质进步。所以，传统只好静悄悄地散落民间，为那些中规中矩的长者、老修行人守护着。

还是回到《弟子规》。有人认为，传统文化中提倡的做人道理并不高深，净是吃饭、走路、说话这些鸡毛蒜皮的小事，知道也可以，不知道也可以。然而事实上，这里面即使是最简单的行为调整，也是基于道德层面，你调整了，道德进步就在里面。相反，离开这些教导，用随意养成或学自西方的方式生活，可能就很难收到这种效果。

现在有人是为钱活着，朋友一见面，"你在做什么""你一年赚多少"……心里只有钱，只要赚到钱，手段正不正当无所谓。也有人为感情、地位等活着。但问题是，为这些活着、又不愿受道德约束的人，在遇到家庭、人际关系等问题时，往往难以应对。像离婚这件事,有人认为这很正常,但当事人自己知道那种痛苦。

其实道德是避免此类问题发生的最好防护,遗憾的是,人们要么没学过,要么不重视,一味任着性子去做,结果,好端端的生活变得一片混乱。

所以,每每思维这些问题,我就庆幸我们的社会中有像张宝珠那样的人在实践传统,同时也欣慰地看到,藏地汉地都有一些出家人,敢于放下世俗,到寂静地方过着清净的修行生活。我相信,不管人们承不承认,这些人的行为对我们整个社会是一种净化力量。

我们知道,践行道德的前提是自律,有了自律,你会自然处在一种良善和不伤害他人的状态中。这样的人,一千个、一万个在一起,比如僧团,只要有适当的规矩,不用额外管理,就可以生活得非常和谐。而且,一个对物质没有过多要求、致力于精神修行的人,怎么可能以非法手段去占有他人或国家的财富呢?不会的。

所以,传统和自律是最好的道德防护。

我们是要过现代生活,但这并不妨碍我们借助高尚而简单的传统来守护心灵,甚至利他,不是吗?

你可以选择暗淡,自私自利地过一生;也可以选择发光,在追求自我利益的同时,像一盏或大或小、或明或暗的灯火,照亮身边的人群、整个人类乃至所有众生,给他们送去温暖,满足他们的一切所愿。

我始终相信,每一个人身上都是有光的,智慧与慈悲之光,然而愿不愿意发光,就看你自己了。

探望已出家多年的母亲。

2013年，应邀前往新加坡国立大学演讲，
途经新加坡最大的寺院——光明山普觉禅寺。

在新加坡东海岸公园,忆起十八年前随法王晋美彭措来过这里,"有种回家的感觉"。

在资助创办的学校,与藏族孩子们欢度"六一"。

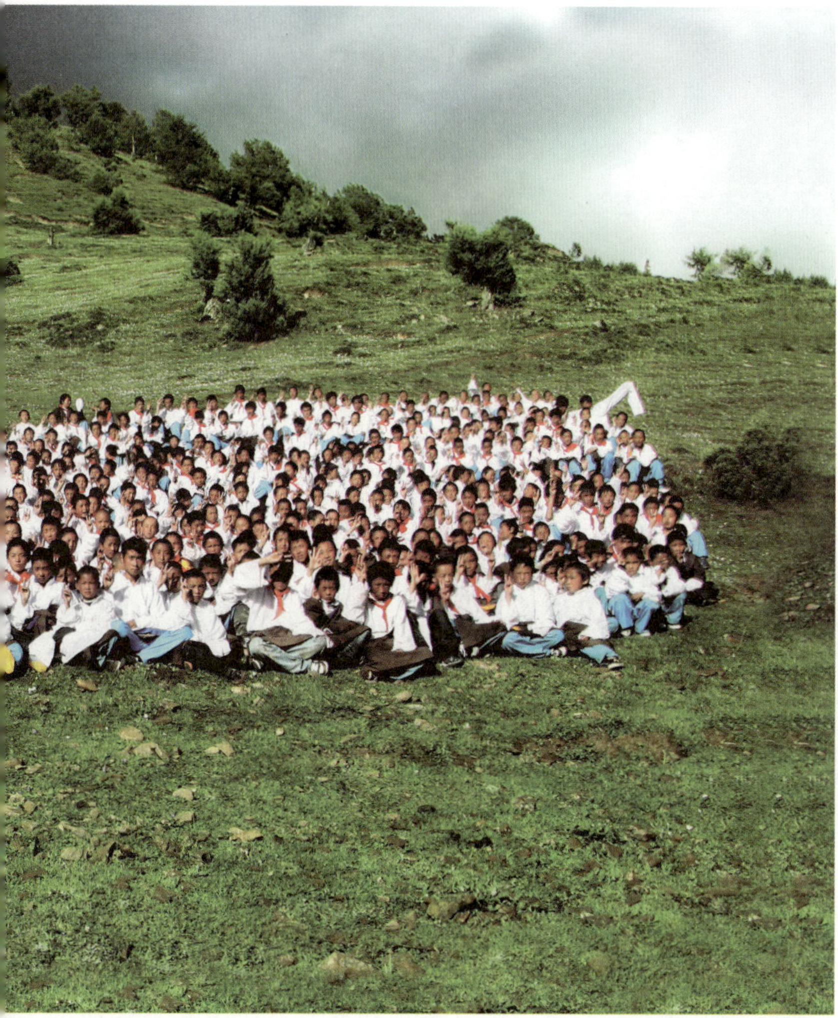

在柬埔寨大皇宫，一边喂鸽子，一边念经为它们祈福。

谨

> 朝起早 夜眠迟
> 老易至 惜此时

早上要起得早一点,夜里迟一点睡,因为人很容易就变老了,所以要珍惜现在。

我经常听到有人以健康的名义,说应该"夜眠早,朝起迟",然后找来各种证据,这个中医怎么说,那个西医怎么说……爱睡懒觉的人总喜欢找这样的"金刚语",好让自他都安心地、多多地睡。

其实《弟子规》这里说得才对,要早起晚睡,珍惜光阴。我们白天散乱得已经够可以了,晚上又睡那么多,哪里有时间学习,以获取渊博的知识?哪里有时间工作,以创建一番事业?哪里有时间修行,以成就种种功德?

所以,趁着年轻,要勤奋学习。

岁月不待人

人生几十年一晃即过,不复重来,所以古诗说:"百川东到海,何时复西归。少壮不努力,老大徒伤悲。"

老大徒伤悲、死时徒伤悲的人太多了，但有什么办法呢？谁让年轻时不努力、不精进。年轻时我们都有追求，但可惜的是，那时总觉得不会老，有时间。然而，一转眼就老了，老了却发现，一辈子什么都没有做成。

所以，从现在开始，一定要早起。

"早起三朝当一工，早起三年当一冬。"这句客家谚语告诉我们：三天早起，相当于多出了一天；三年都早起，相当于多出了一年。一冬指一年。

生命是一天天减少的，以早起的方式赚取一些有用的时间，相当于延长生命，我认为非常划算。尤其是在家人，我们学佛本来就晚，白天又忙，没时间，所以早上是最好的修行时刻。今天早上睡懒觉，明天早上睡懒觉，后天早上睡懒觉，一天浪费了；习惯下去，一生就浪费了。

请记住陶渊明的诗："盛年不重来，一日难再晨。及时当勉励，岁月不待人。"人这一生，年轻的时代不会重来，就像一天之中，早上的时光不会再有。所以，从现在开始就要精进修行善法，每天都要精进。

"岁月不待人"，死亡总是不期而至，死时又那么可怕，我们不勤修善法，做什么呢？

精进预办自家事

从前，韩维的女婿去拜访苏东坡。苏东坡问："我的朋友最近在做什么？"

女婿回答："岳父大人说，他老了，时日无多，所以准备饮酒作乐度过晚年。否则也不知道该怎么过。"

"他错了,正因为时日无多,更不能这样虚度。我讲个故事吧,你带给他。"然后,苏东坡讲了个故事:

前不久有个生死自在的老人,临走那天,他置办好酒席,和亲朋好友聚了一下。喝完酒,老人说:"我今天就走了。"然后端坐。正打算离世时,他的几个儿子请求说:"您真要走,就为我们留句话做教言吧。"

老人说:"本来不想说什么的,既然你们恳请,那就记住,只宜第五更起。"

五更就是早上三点到五点,老人让子孙们五更起床,也就是早起。但大家不明白是什么意思。老人说:"因为只有五更时可以办自家事,日出之后就做不了了。"

儿子们说:"咱家挺富的,哪里用得着早起?家里的事都是自家事,哪里有什么分别?"

老人说:"不。我说的自家事,是死时可以带走的东西。我平日置办了那么多产业,但今天离开,又有什么可以带得走呢?"众人听了,都很有领悟。

讲完故事,苏东坡说:"帮我带个话给你岳父,也让他赶紧预办自家事,不要把本就不多的精力耗费在酒色上。最好多想想,死的时候能带走什么。"

苏东坡的意思,是让韩维修行善法,尤其是能趋入解脱的善法。老人说的没错,死的时候,名声、地位、财富、亲人,包括自己的身体,全都带不走,恶业的果是恶趣,而只有利他和正法,才对后世有益。

所以,学佛的人要早起晚睡,精进修行。

说到早起晚睡,我倒不惭愧。也许跟前世有关,以前上学时我的睡眠就不多，和同寝室的同学比，每天起得最早、睡得最晚，后来见了面，他们还说："我们那时候都觉得，你好像不用睡觉一样。"

现在要睡得多一些，也睡不着，怕浪费时间。所以，每当有人问我修行窍诀，我都会奉告一句："早起。但念无常，慎勿放逸。"

人生几十年很快就过了，很快很快。如果你的生命用来闻思修行、利益众生了，这是最值得的，有大利益；如果你去忙碌生活了，也是必要的；但如果你把它浪费在散乱和过多的睡眠当中，就太可惜了。

我想，你们明天可能会早起，但一两天早起不管用，要养成长期早起的习惯。如果你每天四点起，该修的修完，该做的做好，七八点时，再和其他人一起听课、上班，那你心里会很踏实："嗯，今天又能做不少的事。"

晨必盥　兼漱口
便溺回　辄净手

早上起来要洗脸、刷牙，上完厕所要马上洗手。

注意卫生，也体现一个人的文明度。个人卫生搞不好，十几天不洗脸、不刷牙、不梳头，再有人气的明星、领袖，也会让人害怕，不敢接近。所以，一个修行人，不管你在哪里修行，城市中也好，山里也好，虽然你主要修的是心，但个人卫生和周围环保也要搞好。

卫生环保也是修行

《毗奈耶经》是佛教教导戒律的根本经典，里面不仅对出家人的行为制定了戒律，对卫生及环保也作了规定。

古时候刷牙是用牙木，或叫齿木，佛教把刷牙、洗手、洗脸等个人卫生都纳入修行，说明修行本来就是一件全面的事情，这和古人对做人的理解是一样的。

还有集体卫生，比如扫地。很多人一想到寺院，眼前便会浮现出家人扫地的画面。扫地在令外境洁净的同时，还有五种功德：一、令自心清净；二、令他心清净；三、令天人欢喜；四、来世身相端正；五、命终生天。

其实佛教向来认为，卫生环保就是修行。

中国人没有去过寺院的可能很少。当你来到任何一所寺院，不论它的建筑雄伟还是简朴，我相信，你都会为那里的整洁和清净而感动，生起信心。佛教把外境看做内心的投射或反映，外面整洁，内心也清净。

这一点我想大家都有体会，当你早上起来，做好个人卫生，将禅房、院落打扫得干干净净，然后坐下来念经、看书或禅修时，会感到非常舒适和愉悦。

在藏传佛教里，一般认为，由阿底峡尊者传承下来的噶当派一支，对个人和道场卫生尤为重视，时至今天，格鲁派修行者还是保持这一宗风。有一次，我去拉萨为觉沃佛像贴金，需要一位格西开许，于是到寮房找他。一进门，见到的就是干净的地面、简单的小桌以及整齐的经函,环顾之下,让我立即对屋子主人生起信心。

> 冠必正 纽必结
> 袜与履 俱紧切

帽子要戴正,内外衣服的纽扣要扣好,袜子要穿得服帖,鞋子要大小适度,鞋带系紧。

生活在今天这个时代,不注重仪表的人不多,再不执著的也会收拾一下。这样很好。毕竟,一个人着装、举止得体,会体现出内在的涵养。

《毗奈耶经》对出家人的穿着有许多细致要求,比如,僧裙不能穿得过长或过短;腰带的中间不能突出;衣服和披单应该是什么质地、颜色……要求很多。这样要求不仅对修行有好处,也可让世人见而生信。

威仪的力量

舍利弗从前是外道,很有学问,很多知识一看就懂,于是渐生傲慢。他甚至觉得,天下已经无人够资格做自己的老师了。直到有一天,他遇见马胜比丘。

就从他面前,马胜比丘徐徐走过,调柔寂静、庄重安详,他的心被触动了,生起无限仰慕,立即上前恭敬地询问道:"请问您的老师是谁?"

马胜比丘回答:"我的老师是释迦牟尼佛。"

舍利弗心想,弟子都有如此威仪,那他的老师一定更加非比寻常。于是又问:"那他平时都教些什么?"

马胜比丘说:"诸法因缘生,诸法因缘灭,我师大沙门,常作如是说。"舍利弗听后,当下悟道。悟道后,他找到目犍连,两人一起前去皈依了佛陀。

这就是威仪的力量。

再讲个春秋时代的故事。晋国的国君晋灵公不行君王之道,他加重赋税,用以雕刻墙壁;站在台上用弹弓打人,看着人躲来躲去,以此取乐;厨子炖熊掌没炖熟,就把他杀了……总之是个昏君,心理不太健康。

当时下面有位大臣叫赵盾,谥号"宣",史称赵宣子。赵宣子看到国君的这些过失,多次劝谏,但晋灵公不听,不但不听,还厌恶他,派锄麂暗杀他。

锄麂天不亮来到赵府,看到寝室的门开着,赵宣子已穿戴整齐,正闭目养神,等待上朝。锄麂犹豫了,退下来感叹道:"这个人在家里都不忘恭敬,真是百姓的好官。杀了他,对不起国家,是不忠;不杀他,那就背弃了君主的命令,是不信。这两条,不论我有哪一条,都无法再做人了,不如一死了之。"

于是,他将头撞向槐树,自尽了。

这也是威仪的力量。威仪不是表面端架子,而是内在修养与德行的外显。所以,做什么工作,就要有做什么工作的样子和道德。公务员要穿公务员的衣服,做公务员的事,具备公务员的道德。出家人要穿出家人的衣服,具备出家人的慈悲,做出家人的事。

刚出家的人什么都要学，戒律威仪、吃饭穿衣，学好了这些，你才能像一个出家人。只有成为一个真正的出家人，才能如法地待在僧团里。

记得二十多年前，宗教开放不久，我和好多刚出家的人一起到德巴堪布面前听受《大圆满前行》。有一次，堪布在课堂上刚讲完威仪，第二天就站到门口，挨个检查穿着。有个喇嘛，把里面的人造毛翻出来露到外面，一下被看到了。堪布揪住他的脖领子问："这是谁教你的！这是人的穿法，还是非人的穿法……"所有人都吓坏了，赶紧跑到旁边，整理好才过来。

因此，僧团就是僧团，讲究威仪。据我所知，汉地许多律宗道场更是如此，僧众一出来，信士们就生信心。

不堕两边

以前随上师如意宝去印度，见了许多高僧大德，很生信心。除了德行、慈悲和为人以外，他们的威仪也给我留下很深的印象，尤其那种上衣坎肩"东嘎"，让我眼前一亮。当时佛学院还没有人穿，我想："这样穿太有威仪了，我也要这么穿。"

后来回到佛学院，我就这么穿，很舒服。很多喇嘛开玩笑说："你要当心哦，不要变成格鲁派……"我不管别人说什么，因为我知道这是如法的，依然故我。结果后来大家都这么穿了，都觉得有威仪。

佛教讲中道，不能堕两边。也就是说，既不能太过度，也不能太不足。

我们要穿得整齐、干净，但不需要华丽、名贵，那样就过分了，不符合出家身份。不仅穿衣，有些不符合道德的东西，不管别人说这是多么进步的新文化，都要保持头脑清醒，不要尝试。否则一旦沉溺进去，很难摆脱。学佛不容易，出家更不容易，我们要让心灵在传统和佛法的净化中不断提升，让行为有明显改变。

当然，也不能太邋遢。有个别出家人挺奇怪，衣服穿得歪歪扭扭、不僧不俗，脸不洗、牙不刷，一说话，口气就让人退避三舍……还觉得是成就相。其实，如果内在没什么成就，穿得和济公和尚一样破，也表示不了什么。只会让人觉得没有素质。

大家怎么穿，你就怎么穿，要像个出家人。

居士也一样。有些居士学佛前挺好，到哪儿都穿得干净利索，与社会合拍，但一学佛就变了，一边说"放下"，一边不梳头、不洗脸，衣服难看，脸色也难看，像个乞丐一样。同事朋友见了，马上生邪见："千万别学佛，你看，学了佛就这个样子。"

所以，我们学佛的人，在家也好，出家也好，不管你内在是不是真有放下和不执著的境界，外面该怎么穿还是要怎么穿，至少不要让人看不惯。

我对佛教团体比较熟悉，所以对有些现象得体不得体也比较注意，这里顺便讲了一些。我想世间各行各业的人也差不多，穿着打扮符合你的身份，就是美的。

置冠服 有定位
勿乱顿 致污秽

脱下的帽子、衣服，要放到固定的位置上，不能乱丢，以免弄脏或者弄皱了。

有人一回到家里，衣服、鞋、袜子乱扔，好像没人看到就无所谓。其实在家里和出门一样，都要整齐。

那天我去罗科玛小学，早上学生们上课去了，我看到寝室里被子、枕头理得整整齐齐，心里很高兴。晚自习后要睡觉的时候，我又去看，结果是另一番景象：衣服、袜子脱下来随便一扔，就钻到被窝里睡了。

早上一套，晚上一套，这样不好，说明老师们教导不够。我要求老师以后要监督好，让孩子们先理好衣服再睡。

"衣物乱放的人，心也乱"

我告诉老师们：这不是小事，会影响观念和素质。我不知道是不是每个人都能注意到这一点，但发现很多修行人注意到了，而且非常重视。

我在不丹识了一位喇嘛，他的上师是南卓仁波切。每次跟随上师出行，下榻宾馆，临睡前，他都会把上师的衣服一件件折好，叠在一起：下面是裙子，然后是披单、腰带，很整齐。等要离开时，他又把上师的衣服一件件折好，放进行李箱，固定好，合上箱子。

每次看他做这些，我都很随喜，对他印象非常好。

我希望道友们也能这样，每次出门，把自己的衣物一件件折好，放进箱子。不要衣服一团，塞进去，袜子一团，塞进去，这种习惯要改。在家里也一样，衣服要叠好，放整齐，不能到处乱放。在家人有衣柜，那就把衣服放进衣柜里，随便乱扔不好。

有位美国修行人说:"衣物乱放的人,心也乱。"境和心的确有这种关联。感觉心乱,就尝试整理一下衣物,或家里的秩序,让每件物品回到它的定位上,心也会静的。

生活就是修行。有些年轻人不会做这些,我理解,因为他的父母也不会,就这么过来了。爷爷奶奶应该是懂的,但他们已经老了,没办法教了。我们就跟着《弟子规》学吧,一边学佛法,一边学做人做事。

有一位很成功的企业家,有八万员工。他对员工有一项特殊要求:所有办公室的办公桌、档案柜等设施一律要整整齐齐,凡是杂乱无章的,要给以警告;警告两次后,再犯就辞退。遇到这样的规定,小时候没养成习惯的,还真是不太好适应。

其实这是个素质问题,不是有没有时间的问题。

衣贵洁 不贵华
上循分 下称家

穿衣服贵在整洁,而不在于华丽和昂贵,穿着要符合自己的身份,同时也要适应自己的家庭条件。

出家人的衣服样式都一样,可能质地、颜色略微有些差别。不过,有的人在家时喜欢花花绿绿,出了家还是穿得很显眼。其实没有必要,出家就是出家了,没有人羡慕这个,说不定还会讥笑你。

对在家人而言，虽然穿什么是自由的，但也要符合身份，一个没钱的人，花掉所有积蓄买件昂贵的衣服穿着，有什么意思？当然，有钱人也不是穿得越贵越好。

穿衣有道

我听说很多人现在出国买衣服，巴黎买一件，伦敦买一件。这些衣服可能比较贵，也体面，但依据古人的着装理念，更看重干净、整洁，而不是华贵。

尤其是，一定要符合自己的身份。

对有身份的人来讲，讲究一些也有必要，比如王安石，那么高的位置，那么大的学问，衣着肯定要讲究。但他不讲究，也不爱卫生，长时间不洗澡、不换洗衣服，结果很多人看不惯。有一次，在面见皇帝时，虱子竟然爬到了他的胡须上，宋神宗看到后，笑了起来。

不过，讲究不是为了炫耀。尤其对年轻人来讲，穿什么，一定要根据自己的家庭情况，要适合自己的身份，不能追求太奢侈的服饰。当然，出家人就更不用说了。

以前有人供养我一件说是价值二十万的衣服，我当时就谢绝了。因为不适合我。我是个修行人，一件衣服常洗常新，长期穿着就可以，没有必要今天一件、明天一件。我看很多道友做得很好，多少年就那件衣服、那条披单，但总是干干净净的。这样就对了。

穿衣要符合道：你是皇帝，就穿皇帝的衣服；你是乞丐，就穿乞丐的衣服。乞丐不能穿皇帝的衣服，皇帝也不能穿乞丐的衣服。这样才是穿衣有道。

车一定要沿着自己的道才能走得快、走得远，离了道就走不动了。人也一样，不能离开自己的道。

对饮食 勿拣择
食适可 勿过则

饮食不要挑剔偏食；吃得正好就可以，不要过量。

孩子偏好某种食物可以理解，因为不仅孩子，大人也会偏食。但只吃这个、不吃那个，零食吃得多、正餐吃得少，对健康确实不好，这个要调整。我希望孩子们了解，父母做什么饭，一定是考虑到一家人的健康才这么做的，不可能只有这一个菜能吃，其他的不能吃。所以，父母做什么，我们就吃什么，而且要欢欢喜喜地吃。

当然，父母也要观察，看孩子有了挑食的苗头，最好及时劝导，让孩子改正。否则，人长大了，一方面不一定会照顾自己，另一方面，如果集体吃饭时还这样，别人会看不惯："挑挑拣拣，没教养……"

同时，不管吃什么，不要吃太多，要适量。到外面吃饭，吃多少点多少是最好的，点多了浪费。不过，也有人为了不浪费，硬撑着全部吃完，但这对身体不好，本来是为了摄取营养，吃太多就成了负担，没必要。

素食

在汉地的传统文化中，禅宗、净土、圣贤教育和素食，一直让我心生仰慕和随喜。

每次看禅宗公案和那些令弟子顿悟的教言，都感到与密宗的修行事迹和上师们的指示非常相似，并深受启发。净土宗思想简便易行，自古至今接引了无数众生。

圣贤教育里虽然没有出世间思想，但它对世间做人做事的透彻讲解，世世代代饶益了这个古老的民族，这是一种深入骨髓、流淌在血液里的文化。然而要重拾传统，并让它在生活里体现，一定要经由教育。否则，就像一个纯粹在西方环境下长大的人，除了DNA能检测得到是中国人外，行为和思考已经没有传统的味道了。

还有一个就是素食传统。

由于佛教的传播，素食形成了一种独特的饮食传统，成为汉地佛教徒的重要标志，这让我们藏地非常向往。当然，我们向世人推荐素食，不仅是因为它符合佛教的慈悲理念，有益修行，更多还是因为它有利于健康。

喜欢吃肉的人总是有很多理由，比如口感好、有营养，或者根本不需要理由，就是喜欢吃。但在佛教看来，这不过是一种习气而已。现代医学、营养学告诉我们，肉里常常含有各类病菌，以及这个生命被宰杀时因怨恨产生的毒素，吃肉的同时会将这些一并摄入，有害健康。了解到这些，再深重的习气，也可以调整。

有人担心吃素营养不够，身体撑不住，会影响健康和寿命。其实豆类、谷类、蔬菜比肉的营养丰富得多，而且，素食一向是长寿秘诀，汉地的高僧和很多居士大德终身吃素，但活到百岁者比比皆是，古今如此。

另外，据古文献记载，素食还能益智。从肉食改成素食的人都会感觉头脑清晰多了，不像以前老是有种浑浊、昏沉的感觉，就是这个道理。爱因斯坦也说："我认为素食者所产生性情上的改变和净化，对人类都有相当好的利益，所以素食对人类很吉祥。"

总之，不论是从生存还是生活品质看，素食都是最好的饮食选择，喜欢吃肉的人只要从健康和慈悲的角度多想想，即使不能完全茹素，少吃点肉还是可以的。

十种垃圾食品

说完素食，再说说垃圾食品。

有位教授说，现在大家吃什么主要是听专家的，今天专家说这个好，大家买这个；明天专家说那个好，大家又买那个，于是市场跟着说法走。现在我们不管这些，我们看看世界卫生组织是怎么说的。

世界卫生组织列出了十种垃圾食品：

一、油炸类食品：油炸的东西含致癌物质，破坏维生素、使蛋白质变性，是导致心血管疾病的元凶。

二、腌制类食品：导致高血压、肾负担过重，对肠胃有害。

三、加工的肉类食品：如香肠、肉干等。含致癌物质，并有大量防腐剂，加重肝脏负担。

四、饼干类食品（不含低温烘烤和全麦饼干）：严重破坏维生素，营养成分低，食用香精和色素过多，对肝脏功能造成影响。

五、汽水可乐类食品：含磷酸、碳酸，会带走体内大量的钙；含糖量过高，喝后有饱胀感，影响正餐。

六、方便类食品：主要指方便面和膨化食品。含防腐剂、香精，对肝不好；只有热量，没有营养。

七、罐头类食品：如水果、鱼肉罐头，破坏维生素，使蛋白质变性；热量过高，营养成分低。

八、话梅蜜饯类食品：例如果脯。含三大致癌物质之一——亚硝酸盐；含防腐剂、香精等，损伤肝脏。

九、冷冻甜品类食品：如冰淇淋、雪糕。奶油含量高，极易引起肥胖；含糖量过高，影响正餐。

十、烧烤类食品：如烤鸭、烤鸡。含大量致癌物质，导致蛋白质碳化变性，加重肾脏、肝脏负担。吃一只烤鸡腿，等于抽了六十支香烟。

这十种食品，好像每一种都是大家爱吃的，也是常吃的，但世界卫生组织告诉我们，这些是垃圾食品。

养生

当然，对一名修行人而言，在吃的方面最好是"勿拣择"，有什么吃什么，吃饱即可。

现在人对饮食的要求过于精细，尤其是饭店，一道菜要色香味俱全，一个馒头上也是金花、银花……但这种精细和美丽不过转瞬即逝，吃完就没了。如果是塑佛像、修花园，越精美越好，可以长期欣赏。但吃饭是为了肚子，就像老子说的"为腹不为目"，不是为眼睛。

还有就是味道，味道好像也太多了。我在南方吃饭，刚开始有点不适应，菜里面甜、咸、酸、辣都有，似乎五味俱全，吃一口，竟然不知是什么味道，有种"不可言说"的感觉——是不是证悟了？

现在很多人喜欢吃夜宵，但从医学角度看，人睡着以后，除了心脏要跳动、肺要呼吸外，胃等器官基本停止工作，这样睡前吃的东西一晚上就搁在那儿，消化不了，第二天会口臭。所以，严格的佛教戒律规定，晚上不能吃东西，当然，如果做不到，少吃一点，也不失为养生之道。

总之，对于吃这件事，我觉得越简单越好，简单就是养生。三国的嵇康在《养生论》中说："其自用甚者，饮食不节，以生百病。"那些受用太过的人，因为在饮食上不加节制，因此就会生出种种疾病。

其实想要养生，还要会养心，养心之要在心态平和。心态不平和会伤及五脏，诚如《黄帝内经》所说："怒伤肝，喜伤心，忧伤肺，思伤脾，恐伤肾。"

怒伤肝：一个人发怒生气，会伤肝。有个道友总惹我，我都生气了，他又反过来安慰："不要气啊！本来您肝脏就不好……"让我一下子转不过来。

喜伤心：一个人太开心了，对心脏不好。曾经有个老人，在孩子们给自己庆祝八十大寿时，因为特别开心，一直笑，笑个不停，结果当天去世了。

忧伤肺：人过于忧愁的时候，会伤肺。

思伤脾：如果思虑太多，想这个想那个，脾胃就不好，消化方面会有问题。

恐伤肾：内心感到恐惧、恐慌，对肾不好。我们知道，有时小孩被吓着了，会尿裤子，就是这个道理。

总之，我们修行，既要调心，又要调身，不一定刻意去怎么样，但吃饭、睡觉这些还是要有规律。有些人喜欢熬夜聊天、打麻将，然后白天睡觉，这样黑白颠倒，就会打破正常规律，严重伤害身心。一定要调整过来。

该睡的时候睡，该吃的时候吃，该做事的时候做事，该修行的时候修行，这就是养生。

年方少 勿饮酒
饮酒醉 最为丑

年纪小的时候不要喝酒，喝醉了，丑态百出。

酒对小孩子的身体和心智危害很大，但有些父母不管，孩子还很小，就鼓励他喝酒："乖，再喝一口。"其实这个不用教，他稍大一点自己就会了。

这一颂让喜欢喝酒的老师来讲，就是小时候不能喝酒，长大了可以。但我并不赞同。一方面是佛教徒不喝酒，虽然密宗会供里有酒，也是蘸一蘸表示一下，不能喝。另一方面，据中国古文献记载，古人喝酒，是用酒来表达恭敬，而且有很多限制，比如只能在几种特定场合下喝、要按顺序喝、要适可而止等等。

不过，这种规矩后来就不是很容易遵守了，尤其到了今天，基本看不到有什么限制了。

未成年人喝酒的危害

现在未成年人喝酒的情况很严重,比例很高。

一份报告中说:据陕西省针对大中学生的调查资料显示,学生中有饮酒史的平均高达百分之八十二;广州市穗港澳青少年研究所的一项调查也表明,广州市中小学生中有百分之二十四点九曾有过喝酒的经历。

以前学生过生日,就是互相送点东西,现在很多要一起喝酒。但喝酒以后,人会变得神志不清,情绪狂躁,有些控制不了自己的,还会造成各种惨剧,伤人的、自杀的都有。而且,喝酒会上瘾,喝了第一次会想第二次,结果越喝越多。

喝酒对未成年人伤害很大。很多医生认为,未成年人的器官还很娇嫩,酒精的刺激性会直接伤害到消化器官,尤其是肝和胃。另据哈佛大学一项研究表明,经常饮酒的青少年女性,成年后比不饮酒的人更易患上囊肿、增生、肿块等各种乳腺疾病,并诱发乳腺癌。

所以,未成年人喝酒不是小问题,应该引起重视。如果最终能从法律上禁止,并严格执行,就像其他很多国家所做的那样,效果应该会很好。

喝醉的老师

我小学四年级时有个老师,是藏族人,好像教的是语文。其他我都没什么印象了,只记得他天天喝酒,一喝就醉。他经常醉醺醺地进到教室,但又什么都不教,只是一个一个挑我们毛病:"你坐得不正""你把桌子弄坏了""你怎么怎么"……

有一个冬天的下午,他又喝醉了,进教室说了很多话,后来又骂又打,好多同学都被吓哭了。好容易挨到放学,但当天是他值班,他吹哨把我们集合到操场上,然后这个看不惯、那个看不惯,说了一通。最后一说"解散",我们都高兴地喊着"杀——",散开了。

他又吹哨,我们集合。

"你们是不是故意气我……"他又说了很长时间。

我受不了了。过了一会儿,等他一说"解散",我故意又喊"杀——",然后想跑掉,但被他抓住脖领子,"你是不是要想杀老师,说,今天一定要把这事说清楚……"

他把我带到隔壁的乡政府。我有点怕,不知道他要干什么,但我想自己也没什么错,就跟着进去了。

公社书记在生火,但那个柴不知是湿了还是怎么,点不着,他看看我们,没说什么,专心点火。

老师开始跟书记告状:"这个学生不听话,他欺负我,我们学校管不了,交给你们乡政府……"

公社书记刚开始还注意听着,但后来知道他喝了酒,就没管了。他一直点火,终于点着了,挺高兴。但始终没说什么。

好像过了很久,老师没办法,又把我带回学校,罚我一个人站操场,自己走了。我站了一会儿,觉得他可能睡着了,天又冷,也回家了。

第二天,我还担心挨骂,但他什么都不记得了。后来听说他转到了林业局。好多年以后,我遇到他,还是叫他老师,很尊敬。我们聊得很开心。

我很想提提那事,但没敢。

张飞被杀

人喝了酒以后，不仅会露出丑态，会误事，从历史上看，还有因此丢掉性命的。张飞就是一例。

张飞在阆中镇守时，听说关羽被杀，日夜号哭，泪湿衣襟。将士们拿酒劝他。结果喝了酒，他的怒气更大，下面兵士稍有点什么，就鞭打他们，以至于很多都被打死了。有一天，张飞下令，三天之内必须置办好白旗白甲，三军挂孝去讨伐东吴。

第二天，范疆、张达入帐对张飞说，这么多白旗白甲三天内办不好，能不能宽限几日。张飞一听大怒，把两人绑在树上，各打五十鞭。打完后，张飞指着二人说："明天就必须办完，否则杀你们示众。"

两人被打得遍体鳞伤，回到营里，范疆说："明天办不齐，肯定会被杀的。"

张达说："与其他杀我，不如我杀他。"

"只是没办法走近他。"

张达说："如果我们俩不当死，那他就醉在床上；如果我们俩当死，那他不醉好了。"

当晚，张飞果然大醉，躺在床上。二人打探到消息，初更时，便怀揣利刃，进去把张飞杀了。

酒的过患确实很大。正因如此，佛陀总是谆谆告诫自己的弟子，一滴酒都不能喝。因为佛陀知道，再好的修行人，喝了酒就会失去控制能力，说不定会造下罪业，甚至把戒破掉。所以，佛教严厉禁酒。

可能有人觉得，佛教的戒条太多，做佛教徒很受束缚。其实，如果你倒过来想，对一个想做好人的人来讲，佛教是最完美的教义，它把什么不该做，有什么过患，什么该做，有什么利益，说得清清楚楚。只要你能做一个比较标准的佛教徒，就一定是个好人了。

步从容 立端正
揖深圆 拜恭敬

走路时步态要从容，站立时要端正，鞠躬时身体要弯下去，礼拜时要表现出恭敬心。

在过去，老一辈看到小孩走路慌张、匆忙、摇晃，会叫住他，告诉他走路要有走路的样子，要从容，也就是稳重大方、不急不缓、不慌不忙。

站要有站的样子，身体是直的，不东倒西歪，也就是站有站相。

鞠躬和礼拜是很能体现恭敬心的礼节。鞠躬时，态度好的人腰弯得深；态度不好的，身体里像有块木板，腰直直的，往前倾一倾就完了，很傲慢。就像前面提到的那位教授所说："如果我心里有傲慢，这个腰是弯不下来的。"有些更傲慢的，头都不肯低一下。

当然，礼拜更需要恭敬心，在佛像或有功德者面前顶礼，要有发自内心的虔诚，表面上装样子，意义不大。

佛教最强调的就是心，恭敬心、谦卑心，行住坐卧一切威仪都从心而起，自然会如法。

行为与学识

有人认为，行为跟心没什么关系，其实不然。如果你看到一个人站有站相，坐有坐相，不论在家里、路上还是在什么场合，与人应对处处得体有礼，那你基本上可以判断，这个人一定很有学识。

北宋的欧阳修十二岁时，去襄阳求学。来到襄阳城下，城门已经关了，一名老兵在城墙上把门。欧阳修对着老兵恭恭敬敬地深深鞠了一躬，并拱手道："学生远道而来，烦请老伯开门，放学生进城好吗？"守门老兵本来不敢违反规定，但见他礼数周全，便起了怜爱之心。

老兵说："既然是书生，我出一个对联给你，对得出，就放你进城；对不出，明天早上再进吧。"接着，老兵说道："开关早，关关迟，放过客过关。"

欧阳修说："出对易，对对难，请先生先对。"

"我是要你对的。"

"学生已经对过了。"

老兵恍然大悟，立即给他开了门。

从这里我们看到，给人的印象很重要。好印象是让人接受的基础。所以，以后不论是世间工作还是弘扬佛法，与人接触时，要常常留意自己的言谈举止。

勿践阈 勿跛倚
勿箕踞 勿摇髀

进门时不能踩到门槛上,站立时不能斜靠着站,坐时不能两腿伸开了坐,也不能抖脚或摇腿。

门槛不能踩,要跨过去。但有些东西是不能跨的。现在有人到寺院,进入经堂看到僧众念经,感到很兴奋,从这头跑到那头,从经书、出家人衣服上跨来跨去……一点"执著"都没有。这样做不仅过失大,也不符合规矩,世间有很多东西都不能跨,更何况三宝所依。

跛倚,就是身体斜靠墙,一只脚立着,另一只脚斜放着,这样站不如法。箕踞,就是把两腿伸直、两脚展开,像个簸箕那样坐着,这个也不行。还有就是坐着的时候,两条腿不能抖,否则显得不庄重。

上士闻道,勤而行之

做人就是从这些地方做起的。

那天我跟一个同学聊天,他说:"我们读书那会儿,老人常说,这个不能踩,那个不能跨,走路要如何如何,吃饭要如何如何,有很多规矩。但现在的年轻人想说什么就说什么、想做什么就做什么,眼里没有恭不恭敬这回事,也不在乎是不是违越了传统,触犯了佛门禁忌……"

这确实是个问题。只要前面有路就走,不管红灯绿灯,这种没有规矩的做人方式很危险,需要调整。

为了提升我们的行为素养,世间有像《弟子规》里的这些教导,佛教里有针对比丘的一百一十二个恶作,甚至"三千威仪,八万细行"的说法。规定这么多细则的目的,无非是为了让修行人约束身口意,断恶修善,只要你点点滴滴地去做,身心就会慢慢变得调柔起来。

其实这个过程,就是我们所谓的修道了。

"道"这件事,不论它是多么繁琐深奥,或是简单精要,通常来讲都有个规律,就是一般人接受不了。

老子说:"上士闻道,勤而行之;中士闻道,若存若亡;下士闻道,大笑之。不笑,不足以为道。"

上等人听了道,会勤勉修行;中等人听了道,不会放在心上,想起来就修一修,想不起来就不修;而下等人听了道,不但不接受,反而大声嘲笑。比如有人一听"勿箕踞"这句,就会讥笑:"为什么不能张开腿坐啊?太装了。"他们笑是对的,不笑,就不是道了。

所以,既然我们来学习佛法,听了道,就要"勤而行之"。不仅要"行之",还要"传之"。

培养规矩要趁早

欧阳修十二岁时感动老兵的那份优雅,一定是很小就开始训练了,所以,培养孩子规矩要趁早。

越早越好。人长大了,有些东西就不好改了,小时候学什么是什么，尤其是道德教育，是一辈子的事。未来是他们的，他们的人格和思想又将决定这个社会和国家的命运，所以，做父母的一定要有远见。这次讲《弟子规》，主要就是想让大人先学，大人学了，再传给孩子或身边的下一代，给他们做些人格培训。

这是我们的责任。

父母都想保护孩子，让他们健康快乐地成长，幸福地走完一生，但怎么保护呢？要靠道德。道德是最好的防护。当我们意识到，在这个时代里，留给孩子什么都不如留传统和道德，让他们做什么都不如把人做好的时候，你就知道，从小培养孩子的人格是多么重要。

虽然每个人的能力、智慧不同，但这种意识要有。就像我们学了佛法，体会到佛法的利益，就想着把它传下去一样，现在我们好不容易把传统捡起来，虽然还不怎么熟悉，但传递它，已然成了我们不容推卸的责任。

今天的孩子已经不像我们小时候那样要为吃穿发愁，而我们也正走入一个思想比较开放的时代。在这个时候，不论从对下一代的成长还是对社会的责任衡量，我们都应该回归到古老的圣贤教育。

我们应该发愿，将这一理念弘扬到每一个家庭里去。

那要怎么弘扬呢？我觉得，最好结合佛理。我也看过一些现代人的《弟子规》讲义，基本都是以国学思想解释的，结合佛法的比较少。我的讲解中佛法比较多，原因是，毕竟我是出家人，总会讲到佛法；而且，你们也看到了，传统文化和佛法是相通的，讲佛法，不仅没有伤害我们对道德的理解和向往，相反还会加强。

所以,我希望相关的居士们在自己学的同时,还要教导下一代,让他们从小培养一种良好的规矩。

当然,每个人的情况不一样,有人的孩子还很小,接受起来很容易;有人的孩子很大了,就算你求着他学,也不一定学。但不管怎样,现在或将来,当你找到所化众生的时候,尽量把这些道理教给他们,这对他们的今生来世都好。

总之,人格培养越早越好。我们自己这么大年纪了才开始,一方面听到之后要立即改正、尽力调整;另一方面,也要忏悔以前在父母或长辈面前那些不孝顺、不恭敬的行为。

我听说以前有人学完《弟子规》,就回家请来父母和各位长辈,依次序坐好,然后自己向他们一一鞠躬、问讯、忏悔。我想这是"上士",听了道,就能"勤而行之"。

缓揭帘 勿有声
宽转弯 勿触棱

进门时,要慢慢揭开门帘,不要弄出声来;走路转弯时,角度要大一些,不要碰着棱角。

门帘也好,窗帘也好,有布做的、竹条做的,稍一用力就会弄出动静,让邻居或屋里的人感到不舒服。所以,掀帘一定要轻缓。当你这么做的时候,一方面为别人考虑,是文明行为;

一方面也表明你的心寂静，不粗糙。

走路拐弯也是这样，细心的人，在拐过墙角、桌边这些地方的时候，幅度会比较大，离得比较远，这样就不会碰着了。但有的人不是碰这儿，就是碰那儿，自己都奇怪："我怎么老是碰着？"其实就是性子太急，不懂得《弟子规》这里讲的道理。学了就懂了。

做个有素质的人

我隔壁有两个喇嘛。有一个行为有点粗暴，开关院门声音很大，"砰"一声，人出去了；过一会儿又"砰"一声，回来了。每次我正看书，就传来这种响声，心里不舒服。老想跟他谈谈，又不太好意思，已经拖很久了。不过确实有影响。还有一个挺好的，很寂静，平时也跟人没什么交往，好像那儿没人住一样。偶尔来个客人，也很小声："不要大声，不要大声，不要影响堪布……"

可见，人的素质不一样。

父母都希望子女有素质，但素质就在这些小地方上。太过随便、粗心大意的人，不仅自己老是犯些小错误，还总是引起别人不安，这样怎么会有素质呢？所以，做人就是要从这些小地方培养起，这就是素质。

有素质的人，别人借给你东西也很放心；而没有素质、行为粗糙的人，不说借，有些精细东西碰都不让你碰："谁让你拿去的？别碰别碰，弄坏了。"

粗糙也是习惯，如果从小没有受到适当的教导，大了就不好改："我也没办法，我也不想这样。"一下子转不过来。所以要从小教，用儒教或佛教的教言都可以。《入菩萨行论》里也说："移座勿随意，至发大音声，开门勿粗暴，常喜寂静行。"移动桌椅不要随意，以致发出很大的声音；开关门也不能粗暴，要寂静而行。

寂静是一种行为状态，更是柔和、细致的心态，父母不仅要在意孩子的分数，而且也要在意这种心态的培养。平时可以让孩子洗洗碗筷，有助于培养寂静的心态。洗碗是不能粗暴的，孩子经常做点这种杂务，不仅会有为家里分担的满足感，心性也会被磨炼得比较温和、柔顺，不论男孩女孩，对其一生都有很大帮助。这不是分数，也不是钱所能带来的。

给孩子钱，很快就花完了；然而有远见的父母，如果能培养孩子这么一种好的素质，将会受用终生，不论孩子将来走进什么样的集体，过什么样的生活，都会过得很好。

做个有德的人

这种肯为他人考虑的素质，就是一种德。

有位教授讲过一件很让他费解的事。有一次上课，他让一名大学生回答问题，那个学生没复习，答不上来。教授没批评，也没说什么，让他坐下。可学生不干了，他站起身来，在全教室人的注视下，气势汹汹甩门而出。

教授很难过，但他也理解，现在的大学生虽然上了十几年学，从小学、初中到高中，但父母老师基本没教过做人的道理。结果本来是自己的错，该检点自己、向老师道歉的，却反过来对老师发脾气——我觉得，今天的年轻人，学知识是很有必要，但道德上也再不能下滑了。

我们考虑自己的感受是可以的，但只考虑自己，不看环境，不考虑他人的感受，一味粗暴地表达自己，可能也不太妥当。这不是道德批判，但我们要知道，一分优雅和魅力是要有一分德来支撑的，相反，有些不恰当的表现，会让我们在别人心目中失去位置。当然，这只是就一般人而言的，如果是个君王，就不止这么简单了。

据《史记·殷本纪》记载，商纣王是一个极有才智但却残暴奢靡的君王。他除了文过饰非、不听劝之外，还动不动就杀人，以致完全失去民心。

后来，在武王与其他小国共同讨伐纣王的牧野之战中，商朝虽有七十万大军，但却毫无斗志，人人希望武王取胜。武王一来，几乎所有人都背叛倒戈，结果纣王大败。纣王逃到鹿台，裹在珠宝玉器里自焚了。商朝自此灭亡。

周朝建立后，开始以德治国。

这段历史让后代许多君王和政治家看到，人民最信服的是德，单单依靠势力或才干是治理不好国家的。

其实今天也一样，对任何一个人来讲，最重要的还是德。我们没有从小系统地学过这些，现在不重视这些，都不能说明德不重要。德非常重要。对自己，我们往往更看重才智；但对他人，或多或少都有道德上的要求。

这种自然而普遍的对德的要求，也导致了今天社会的很多批评。就像现在有人批评某些名校的大学生，不是因为大学生没有知识，而是他们认为，今天的大学生要想成为真正的人才，还需要再有一些道德底蕴。

一分为二地看，丰富的知识教育，以及精英式的培训方式，让很多大学生进入社会后展露才干，为社会作出了贡献，这是肯定的。但是，德的缺失或不够深厚，也让许多人的人生缺乏后续实力。毕竟，生命中有些绚烂的光华，确实不是只有才干就能发出来的。

所以，希望大家都能做个有德的人。要想做个有德的人，学学佛教的道理、学学传统思想很有必要。当然，从这个颂词的意义来看，学会控制自己的行为，学会把随意或粗暴变得柔和，是一种好的开始。

执虚器 如执盈
入虚室 如有人

拿着空的器皿，也要像拿盛满东西的器皿一样小心；进入无人的屋子，也要像有人一样谨慎。

这个颂词教诫一贯性，让我们无论旁边有人没人、正在忙碌还是放松，任何时候，行为都要得体，不要有太大反差。

在佛学院，我们提水用桶，桶满着，提水的人都会小心翼翼，步伐平稳。但去水房打水，拎几个空桶，这时候有人就不太注意了，水桶碰来碰去，人也晃来晃去，有点像跳舞。要是被古人看到，肯定觉得你不如法、不文雅。即使是拎着空桶走路，也要注意威仪。

还有就是进入空屋子，周围没人，这时有的人就会东看西看，随意碰触，说不定还会偷个什么东西。我们要注意，不能这样做。

独处行为当谨慎

有一次，奔公甲格西去施主家，施主不在屋里。他看到茶叶口袋里有很多上好的砖茶，心想：正好没人，不如趁机拿两块回去，到山上喝。于是把手伸进茶口袋。刚伸进去，他的正知正念就起来了："我是修行人，怎么能偷盗？"于是大喊："有人偷东西，你们快来把他的手腕砍断！"施主进屋一看，也没别人，这才知道，原来格西正在对治自己的恶念恶行。

和这位格西一样，我们也要时时处处看好自己的心念和行为。有的人在上师、道友面前特别如法，有如一尊金佛像，动都不动，除了眼皮偶尔微动一下，好像呼吸都没了。可一旦上师、道友不在身边，马上变成另一个人，行为有很大改变。这是不对的，修行不能这样。

再说，佛菩萨无所不见，我们的行为在他们眼里，就如盲人在有目者面前，被看得清清楚楚一样。所以，一个人独处时更要谨慎，要相信圣者们就在面前。

华智仁波切在《自我教言》里讲过恒时需要谨慎的三种法要：一是"众中出言当谨慎"，在大众中讲话要谨慎，不能随意说人过失，以免惹上不必要的麻烦；二是"独处行为当谨慎"，也就是这里说的，独自待着的时候要留心自己的行为；三是"平常观心当谨慎"。

请记住这三种谨慎。

尤其是行为上，独处也好，在大众当中也好，我们要对行住坐卧有种约束，对学过戒的人来讲，就是要观察自己的威仪。这些在戒律中有很细的戒条，如果做得好，懂戒的人一看就知道："哦，这个人威仪不错，你看，不管他走路、说话还是乘车，都那么如法。"

其实不仅是佛教戒律，古人对此也有系统要求。下面讲讲《礼记》中宣说的九种行为样貌，也就是"九容"。

九容

《礼记》云："足容重，手容恭，目容端，口容止，声容静，头容直，气容肃，立容德，色容庄。"

足容重：走路时脚步不匆忙、不慌张，从容稳重。

手容恭：用手表达的礼节要有一种恭敬心，比如对人作揖行礼或磕头时合掌，都不是两手随意一甩，合到一起，再一甩分开。要有一种恭敬的态度在里面。

目容端：眼睛要正视，不能斜着看。与人交往时，眼睛看得高，恨不得看到天上去了，说明此人比较傲慢；看得低，总是看脚，不看别人的脸，说明有点自卑。有些人见上师不敢抬头，上师都看不到他的脸，这没必要。当然也不要一直盯着，那也不好。既大方又恭敬比较好。

口容止：说话的时候说话，吃饭的时候吃饭，不说话不吃饭的时候，嘴唇不能动来动去。

声容静：说话时声音要平静，不能发出杂乱的声音。

头容直：头要摆正，不能左摇右晃。

气容肃：呼吸轻柔均匀，不出怪音。

立容德：站立时要端正，不倚不靠，这是一种内在有德的风范。

色容庄：脸上的表情要庄重。关于表情，也就是这个"色"，孔子说过一句话："色难。"意思是，用衣食孝养父母比较容易，但要时时做到内有恭敬、外面和颜悦色，就难了。把这个道理看得宽泛一点是一样的，一个人没有内在修养，表面装出来的态度是会变的。

眼神装不了

在这九容里面，从头到脚该有的样貌都讲了。如果说语言或肢体动作还可以勉强装出来的话，眼神却装不了，这也是为什么古人看人最重视眼神。

我们常说眼睛是心灵的窗户，从这扇窗户里，我们的内心是正是邪，直接可以反映出来。诚如孟子所说："胸中正，则眸子瞭焉；胸中不正，则眸子眊焉。听其言也，观其眸子，人焉廋哉。"意思是说，一个人心正，眼神就明亮清澈；心不正，眼神就浑浊暗淡，听这个人说话，看他的眼神，他如何能隐藏呢？

所以有人说："人与物接之时，其神在目。"一个人与物接触的时候，他的神情就集中表现在眼睛上。

现在有些会面试的人，不仅要看受试者的表达，还要看他的眼神。这样十几分钟面试下来，他对这个人的心术及涵养能看个差不多。我也多少会看一点。有人发心做事，来找我谈话，我也是先看他的眼睛。看到有的人眼睛一直骨碌骨碌转，我就会觉得有点问题，即使他讲得再好，我也不太敢信任；而有的人讲得一般，但态度诚恳，特别是眼神很正的话，我就比较放心。因为眼神是装不了的。

不仅眼神，其他的也最好不装，比如微笑。

北京奥运会期间，要求"微笑服务"，怎样微笑呢？当时有两种观点：一部分专家认为，微笑不能露齿，露齿就不叫微笑；另一部分专家认为必须露齿，不露齿不足以表达喜悦，按照全世界尤其是西方人的审美标准，会显得愁眉苦脸，所以一定要露出前面的六到八颗牙齿。

到底要不要露齿、露几颗，这个我不懂，但我觉得，如果只是外表上的、装出来的微笑，效果不一定好。装的总不如真的好。如果我们懂得对方的礼节，同时内心又有尊重和恭敬，就如佛教里讲的，对所有来宾都有清净心，甚至当做母亲一样对待，那母亲从世界的各个角落来到这里，你自然会欢喜，自然就笑出来了。

那时候，露不露齿、露几颗都没什么区别，因为你已经把真挚和热情完美地展现给世人了。

事勿忙 忙多错

做事情不要慌、不要急，急了就会出错。

有的人做事，事情本来不大，但一忙就乱了，没有层次和头绪，做不好。所以，做事不要忙，尤其是大事，更不能急于求成。麦彭仁波切在《君规教言论》里说过：当你准备做一件大事的时候，一定要有足够的能力，要在适当的、比较充分的时间里完成，时间太短不行。比如现在正在修大经堂，我们这里施工时间再短，一年也肯定修不完，即使有人答应一年修完，也完工了，质量也肯定有问题。

所以，做事不能特别匆忙，一忙就容易出错。

胖嫂

民间有一则胖嫂的故事：

胖嫂生了一个可爱的小宝宝。刚生下不久，她接到母亲一封来信，打开信一看，开头写道："我生了重病……"胖嫂立即着慌了，没有读下去，抱起宝宝要去看母亲。结果宝宝的小被子不见了，她放下宝宝，东找西找，终于找到了。于是她裹好宝宝，抱着上路了。

那是晚上，经过一块瓜田，胖嫂被瓜蔓绊倒，孩子飞了出去。摸来摸去，摸着了，又裹好，往母亲那儿跑。到了母亲家，门锁着，她以为母亲出事了，痛哭起来。

没想到，这时候母亲从外面回来了，她一看，母亲好好的，放心了。打开信再看，后面写道："不过现在已经好了，勿念。"胖嫂高兴起来。

既然来了，母亲想看看外孙。胖嫂揭开被子，母亲一看，是个西瓜，不是孩子。这下胖嫂又慌了，想起瓜田。于是母女俩赶到瓜田，找来找去，没找到孩子，只找到一个枕头。胖嫂扔下西瓜，抱着枕头回家了。

回家一看，宝宝正在床底下睡着呢。原来她出门的时候，抱的是枕头，孩子扔家里了。

胖嫂的故事多少有些戏剧性，但她那种着急的劲儿很多人是有的，也包括一些修行人，性子特别急，一遇着什么事急得不得了，但很多时候着急没有用。

我的性格是这样的，听到不好的消息，先看能不能挽回，如果不能，就静下来慢慢处理。比如有人死了，我要去看他，这时候我会告诉司机慢慢开。人已经死了，慌张也没有用，开得太快还容易出现意外。

所以，以后我们要养成一种习惯，不论遇到什么事都要沉住气，想好怎么处理，然后去处理就可以。这个很重要。否则，手忙脚乱反而会坏事。

修行也不要太着急

修行也是一个道理。

这些年我见过不少这样的修行人，他们总是特别着急："我要一个月内修完五十万加行，一定要修完，修不完我睡不着。"而且动不动想成就："您现在就给我灌顶传窍诀，我要马上成就，不然我心里不安。"然后一会儿观这个，一会儿修那个，"我要成就、我要成就"……这样过不了几天，人肯定要出问题的。

要知道，修行是大事，不可能一两天完成。

当你真正了解修行这件事的时候，就会像这里的很多修行人，看起来平平常常，吃饭、走路、说话，每天都一个样子，没什么变化，但他们的生活和修行很有规律。比如这一年要学什么修什么，他会计划好，然后每天学多少修多少，一步一步走。他心里有数，一年完成就可以，没必要着急；同时他也有毅力，中间遇到任何违缘都不会退。这样很好。

我也是这样的。现在我们讲《大圆满前行》，这是我前前后后考虑了很长时间才决定的，我想两三年讲完。既然决定了，我就一堂一堂讲，你们不要着急。我也不着急，但我也不会退，不可能讲两天就放下："这个不重要，换个重要的讲吧。"我不会这样。我会很认真地讲好每一堂课，直到最后一堂。

我认为这是做人的基本品性，也希望能做到。

勿畏难 勿轻略

做事不要怕艰难，也不要掉以轻心。

做一件值得做的事情，有些违缘和困难很正常，这时候心力要强，就像《礼记·中庸》里讲的："人一能之，己百之；人十能之，己千之。果能此道矣，虽愚必明，虽柔必强。"别人用 分力气能做的，我用一百分力气做到也可以；别人用十分力气能做的，我用一千分力气做到也可以。如果真能如此，那么再愚笨的人也会变得聪明，再柔弱的人也会变得坚强。要有这种不怕难的心态。

还要有一种心态，就是对那些看似简单的事情不要轻视和忽略，所谓"看花容易绣花难"，真正做起来就不是那么回事了。有人看别人讲法，觉得容易，但让他亲自去讲，就不容易了。看和做不同。

因此，做任何事都要坚强而谨慎。

不畏难，不轻略

我觉得我们在闻思修方面，尤其需要坚强和谨慎这两种品质。学《弟子规》也是如此。有人觉得《弟子规》很难："我实在做不到，你看要那样恭敬、那样谨慎，太难了。"也有人觉得太简单："给我们讲个深的法吧，像我这样的大学生，学《弟子规》有什么用呢？"

这就是畏难和轻略。

其实没那么难，同样是一门学问，别人能学好，你为什么不能？但也没那么简单，你能读、能背、能懂，不见得能做，而《弟子规》学了是要去做的，做了才有收获。

以前上师如意宝传《文殊大圆满》时讲过："有些人觉得甚深的法门听不懂，不敢接近，而浅显的法门又太简单，不值得学，于是无门可入、一事无成。

所以，不论是修行，还是学任何有价值的学问，我们都不要畏难，不能一有困难就退，要有勇猛心；也不能轻略，觉得没什么可学的、没什么不懂的，但结果往往就失败在这里。我们要学会认真对待每一样知识，我这里讲什么、法师们课堂上讲什么，都要认真对待。以前我在上师如意宝面前听法，深法也好、浅法也好，全都欢喜信受，这一点我对自己很满意。希望大家也能这样。

如果有人觉得难，我想，是智慧问题，要努力；如果有人觉得简单，可能也是智慧问题，要注意。

最近有很多人在同时学三部论：《大圆满前行》《藏传净土法》和《般若摄颂》。原本我担心大家接受不了这么多，要求三部论分开报名，根据自己的能力选择，结果大多数人报了三个,也一直在学,对此我挺高兴。

但也有人抱怨:"太难了,三部论一起学。"那也不怪我,你自己选的。不过,实在太难,少学一个也可以。

斗闹场 绝勿近

容易发生争斗的场所,不要靠近。

《亲友书》里说有六种法会损害名声:赌博、看聚会、懒惰、依附恶劣友、饮酒、夜间入村落。世间人都知道,像夜总会、歌舞厅、妓院、赌场、酒吧、网吧之类的地方,很容易引起争斗,所以不要去。不仅是小孩子不要去,大人们也不要去,因为有些东西一旦染上,就会沉迷其中。

华智仁波切在《自我教言》中也说:"不可去处有三种:怨仇争处不可去,众人聚处不可去,玩乐之处不可去。"

现在很多人的想法正好相反:有打闹的地方要去,众人聚会的地方要去,玩乐的地方要去……反正古人说不可去的地方,都要去。不过我们得小心,我们想要去的那些地方,会把我们渐渐染污的。

"渐渐"的力量

有个人对我说:"我一想起以前的那种生活,就感觉忧愁和懊悔,不知道怎么就堕落成了那个样子。"

我想是"渐渐"的力量。在我们不懂佛法、不懂因果取舍的时候，往往缺乏反省能力，在表面的、感官的快乐诱惑中，人会不自觉地掉入那种生活里，虽然偶尔也觉得没意义，但又无力自拔，就那样生活了。

如果有一个人或一种环境想要突然改变我们，谁都会警觉，不会就范，除非自己想改变。但事实是，当我们进入一种环境，所谓"近朱者赤，近墨者黑"，自己会慢慢地改变。我们不是一下子就变赤变黑了，是渐渐变赤变黑的。而一旦变成那样，我们又会觉得，自己本来就是这个样子，自己这样是正常的。

这就是适应了。

比如，一个家教不错的年轻人，甚至一个在寂静地方待过很长时间的修行人，当突然进到不清净场所时，刚开始肯定痛苦，道德上经历一番挣扎："我是修行人，我怎么能到这种地方来？我不做这种事。"但如果待上一段时间，日子久了，就会同流合污。那时候，习惯了，也就不觉得有什么不如法、有什么痛苦了。

孔子说："如入芝兰之室，久而不闻其香；……如入鲍鱼之肆，久而不闻其臭。"与善人交往，就好像进入种有芝兰的屋子，久了便闻不到芝兰的芳香，因为你已经和香味融为一体了；与不善的人交往，就好像进入卖鲍鱼的地方，久了便闻不到那里的腥臭，因为你也已经和臭味融为一体了。

有人说："我刚从城市来佛学院时，特别欢喜，感觉这里太清净了，就像天堂一样。但是和大家生活一段时间以后，没发现什么特别的境界，所以就没那么大信心，也不感觉是天堂了。是不是我出了什么问题？"

你没出问题，只是已经适应了，适应了，也就没什么了。

就像头一次住五星级酒店，刚开始觉得一切都那么新奇、奢华和舒服，但一两天以后就没感觉了。我想你对佛学院的印象也差不多，新鲜劲儿一过，又没有找到你想象中的某些东西，就失望了。

不过，如果你在这里慢慢学习佛法，日子久了，可能又会生出另外一种深沉、不同的感觉。

邪僻事 绝勿问

不要打听那些邪恶、不正、不如法的事。

佛教徒和佛教徒也不一样。没什么修行的人，一听有人说神通，说些怪怪的事，就特别感兴趣。一听到诽谤的语言，说谁谁谁有什么不如法的地方，耳朵立时变长了："啊，真的吗？你继续。"但一听佛法耳朵就缩回去，不愿听了。而有境界的人只愿意听闻思修的教言，不会去打听那些跟修行无关的是非长短。

这可能跟性格有关系，但更多是境界问题。

不要被迷惑

我希望在我们这个如法的道场，以及在外面所有如法的闻思修道场里面，都不要说什么神通、鬼通之类的吓唬人。谁在我们佛学院这样说，要开除。

有的人根本没有神通,却动不动就说"你的气血给鬼吸走了""你身上有附体""你不要接触这个人,他会害你"……其实他自己都不知道,自己是被什么指使的。

所以,希望你们不要做这些怪怪的事,我们佛教团体中不赞叹这些。如果谁认为自己有神通,有天眼、鬼眼,你们到我这里来考试,考试及格了,我帮你宣传:"我们这里有个开天眼的人,你们找他看……"

我希望你们不要总是说一些不着边际的话。

更重要的是,真正想修行的人不要被这些迷惑,也不要去打听这些。你去打听,说明你感兴趣;你感兴趣,别人就会编一些东西吓唬你、控制你。我们很清楚,有闻思基础、有修行的人根本不关心这些,更不会去打听这些,因为他知道这些不是佛法,也不是修行。

真正的修行是出离心、菩提心、无二慧,但没有这种修行的人,一说起闻思修,要么不出声了,要么说这些太低,只有他说的那些"神通"才高。但我们从历代显宗、密宗高僧大德的教言来看,恰恰相反。

还有一点是,我们也不要去打听色情之类的东西。这些东西对我们的心灵、修行伤害很大。凡夫在这方面本来就很难控制自己,容易受诱惑,再加上有些没有德行的人,不会给你一些正面的提醒,反而把这些描绘得很美好,那样你就上当了。而一旦陷到里面,最终一定会后悔,但那时候已经来不及了。

所以,我们要常常告诉自己,我是修行人,要时时刻刻用正知正念摄持自己的心,以免误入歧途。诸佛菩萨的金刚语最有加持和价值,我们要多看这些,多看高僧大德的传记,多思维他们的教言。只要持续不断地将心导入善的方向，这就是修行，是真正有意义的生活。

不过有时我不得不说，在这个末法时代里，没有德行的人多，而没有智慧、容易受骗的人也多，所以要警觉。居士也好，出家人也好，一定要知道什么是真理，这样就不会被那些不符合真理的语言带走了。

我们修行、走一条向善的路不容易。进步本来就难，而一旦被那些蛊惑的语言迷住，就更容易出违缘，比如坐立不安、恐慌、忧郁甚至极度痛苦。

所以，不要去打听那些"邪僻事"。要珍惜自己的修行，要追求智慧、追求慈悲，这才是我们拥有这个宝贵人身时最值得做的。

> 将入门 问孰存
> 将上堂 声必扬

进门时要先问："有人吗？"进入客厅或办公室之前，要提高声音，让里面的人知道有人来了。

敲了门或打过招呼以后，有人开门或说"请进"，这时候才可以进去。如果没有回应，那你最好不要进去，因为明明知道没人还进去，可能会被当成小偷的。

学生进老师办公室或上课迟到，会在门口喊"报告"，经老师允许后才可以进去,这是一种礼貌,很好。直接推门而入不礼貌,万一老师们在商量一些重要的事,学生闯进去会造成干扰。

佛门里拜见上师和世间差不多,《沙弥五十颂》中说:"于师住处门,手当轻缓扣,入内上师前,恭敬问安等。"要到上师住的地方,首先要轻轻缓慢地敲门,上师开许了,才可以进去。进到屋里,要在上师面前以非常恭敬的威仪问安、请示等等。

佛教认为,只有这样心怀恭敬和虔诚,才能得到上师和佛法的加持。其实世间也一样,对老师不恭敬的人,可以得到知识,但得不到真正的学问。

得能让人接受

有人觉得委屈:"我从小粗暴、鲁莽惯了,现在不好调整,怎么办?"

可以先调心。行为鲁莽,说明心不调柔。身体和语言都是由心指挥的,一旦心调柔了、寂静了,没有不平的状态,行为自然就柔和了。行为就是心的反映,烦恼深重的人怎么走路、说话,内心寂静的人怎么走路、说话,都能看出来。

所以,有时我们也要学着收敛一下太自我的习惯,多考虑怎么做才能让人接受。那样你会发现,原来古人教导的尊重他人,是一件多么自然、应该的事,也就知道以后该怎么做了。尤其是佛教徒,更要明白,你在你的上师面前持续保持恭敬,是获得证悟的前兆。

相反,不恭敬是得不到窍诀的。

噶当派有这么一则公案:有个人想求窍诀,他到阿底峡尊者门口使劲敲门,并大声直呼其名:"阿底峡、阿底峡,快给我传个窍诀!"尊者没开门,装没听到。来人继续大声地喊:"阿底峡、阿底峡,给我传窍诀!"

当他喊第三遍时,尊者打开门,很不悦地说:"窍诀不是像你这样用大声呼叫换来的,我不给你传。你要记住,窍诀是用恭敬心得到的。"

这则公案后来被很多教言引用,用以说明,在我们依止上师、学习佛法的过程中,是不能离开恭敬的。

"程门立雪"前面讲过了,杨时站在雪里等候老师醒来的那份恭敬,是很可贵的德行。但放在今天,可能有年轻人会觉得,为什么他不把老师叫醒?为什么那样求法就不传?为什么非得敲门……但我们要知道,自己有知识、有学历,都不能成为骄傲的资本,也不是想什么就可以做什么,生活中确实有这样可以、那样不可以这回事,我们要有这种概念。

这不仅是古人的说法,今天的社会也是一样的,我们要遵循它的道,否则就行不通。

我们要看到,在每一个人面前,本来就有对和不对两条道,或说恰当不恰当两种做法,身体上、语言上都有。这时候让我来选,我会选择对的路或恰当的做法,也就是说,我们说什么做什么,不是只考虑自己想怎么说、想怎么做,而是应该怎么说、应该怎么做,或至少知道,我们怎么样说或做,才是别人能接受的。

我希望我们学佛的人,不要因为自己的语言或威仪不如法,让不学佛的人生厌恶心,如果我们的行为连一般的世间人都还不如,那要弘扬佛法、感化别人,是很困难的。

> 人问谁 对以名
> 吾与我 不分明

　　别人问"是谁",要说出自己的名字,只说"我",别人可能分辨不出。

　　我们很多人觉得,说"我"别人就知道是自己了,所以总是回答:"是我,我来了,我就是我……"但人家不一定能听出到底是谁。我这边有个老和尚,以前进我的屋子,每次都不敲门,直接冲进来,把我吓一跳。有一次我说:"你起码先敲两下门啊。"
　　后来他先敲门,但声音很大。
　　我问:"谁呀?"
　　"我!"
　　"你是谁呀?"
　　"我是某某师!"
　　我说:"你是某某师有什么了不起!"
　　所以,说出自己的名字比较好。

克己复礼为仁
　　像这样的简单行为,先敲门,别人问是谁时报上名字,你们觉得陈旧吗?一点不陈旧,就是在今天也相当文明,如果做得好，别人会看到你对他人有一种自然的尊重和恭敬，而这种尊重和恭敬，说深一点，是和仁连着的。

儒教思想的核心就是仁。

颜回问老师，什么是仁？孔子说："克己复礼为仁。"约束自己，使一切行为符合于礼，就是仁。颜回又问，那该怎么去做呢？孔子说："非礼勿视，非礼勿听，非礼勿言，非礼勿动。"

在过去很长一段时间里，人们认为"克己复礼"这类传统是陈旧的，不应该再提倡。但走过那段时间，来到今天这个可以开放探讨思想的时代，人们又开始反思：离开了那些，还有什么新的学说可以更深刻地裨益人心？结果很多智者发现，没有。西方学者更在研究后认为，中国的传统文化是拯救今日世界的良药。

既然我们找不到更好的思想，既然我们的传统得到了整个世界的认同，那我们自己为什么不去挖掘它呢？

在今天，公正地说，科学确实带来了进步，也让我们对物质世界有了新的认识。但与此同时，就像科学之于外在世界的贡献一样，我们为什么不能借鉴那些曾经滋养古人心灵的传统文化，以其核心价值与理念，为人类的身心带来一种真实的文明？毕竟，人性是没有变过的，过去也好，现在也好，我们判断一个人的格局，为公为私依然是最重要的标准。

所以，我们还是要提倡仁，提倡克己复礼。我们想想，不多少克制一下自己，对我们真的有利吗？多少克制一下自己，回到一种正确或合适的状态，不是很好吗？

提倡仁，要做到"四非"、成就学问功德，就如佛教所讲的闻思修三种次第一样，《中庸》里也介绍了五个具体步骤："博学之，审问之，慎思之，明辨之，笃行之。"

博学之：广闻博学，学习众多经典论典；

审问之：不懂的地方详细询问请教，以断除疑惑；

慎思之：对所要了解的道理慎重周全地思维；

明辨之：明确辨别哪个是真的、哪个是假的，哪个有意义、哪个没有意义，从而知道如何取舍。

笃行之：踏踏实实地行持。

我们要笃行的就是礼，就是仁。

在藏地，佛教的智慧和慈悲精神早已融入到每一个藏民心里，人们几乎完全生活在佛教背景下，信仰深入骨髓，分不开了。和这种情形类似，一百年前，儒教思想一直流淌在汉族人的血脉中，从来没有断过。一百年后，虽然传统的氛围不见了，那些智慧精髓也不知是否还在，但我们看到，现在有许多家庭正尝试着让自己的后代学习并实践传统的礼仪和仁爱，这是希望所在。

年轻人在学知识的同时，的确应该学一些属于我们自己的古老智慧，学会做人。做人是一辈子的事，而懂得礼是人和动物的区别。所以，看到有些居士把孩子培养得彬彬有礼，也参与放生吃素，甚至明白因果、前世后世等很多佛教的道理，我就非常欣慰。

当然，从普遍的角度讲，我希望我们的年轻人都能珍视自己的传统文化，具有一颗仁爱之心。我经常觉得，有些知识学不学都可以，但仁爱思想是一定要学的，不学这些，甚至把这些丢弃了，是很大的损失。

仁不吃人

历史上曾经出现过一种声音，就是认为儒教思想是"吃人"的礼教，是对人性的侵略，这在今天也隐约可以听到。但事实上，如果我们从这一思想本身比如"仁者爱人"这样的理念去看，它对个人修养、对我们的社会，都是最好的思想，没有伤害。

《礼记·檀弓》里记载了一则公案：

春秋时齐国大夫陈子车在卫国死了，他的妻子和管家准备用活人殉葬。他们这样决定后，陈子车的弟弟陈子亢来了。两人对陈子亢说："你兄长生前有病，死后没人在地下伺候他，所以我们希望用活人殉葬。"

陈子亢说："以活人殉葬是不合礼义的。尽管如此，兄长有病，还是要有人去伺候，可是要照顾哥哥，谁能比他的妻子和管家更合适呢？如果你们不用活人殉葬了，正合我意；如果一定要殉葬，那就请你们俩去吧。"两人听后，便不再提用活人殉葬这件事了。

从这则公案我们可以看到，孔子、孟子以及后代儒者所强调的仁，与当时许多陋习是分离的，在真正的仁爱理念以及贯彻这一理念的人那里，是不可能有"吃人"制度的。《礼记》四十九篇里都没有。

因此，我希望每一个人都能正面了解儒教思想，同时也学习这一思想，并运用到生活中。我一向认为，儒教思想与佛教理念虽然在个别观点上有些冲突，但并不妨碍我们佛教徒将之视为做人及修行的基础。

有个比喻说：佛教相当于一大锅水，而儒教是其中的一碗。如果这个说法有道理，我们可以理解，佛教的大慈大悲等理念，是更深刻、更具有容纳性的。

用人物 须明求
倘不问 即为偷

我们使用别人的东西,要对主人明确地说:"这个借我用一下,可以吗?"如果问都不问就拿走,就是偷。

即使是熟人之间,也要说清楚。有的人这方面不太在意,随便拿或用别人的东西,这是不对的。也许你已经看破了,你的我的一样,但别人会执著。你到了别人家里,想要什么就拿走,以后再去肯定不受欢迎。

那天有个人说:"是不是你拿了我的工具?"

另一个人说:"是我拿了。"

"那你起码打个招呼啊!"

他说得对,再熟的人,起码要打个招呼。不管是出家人、在家人,用人钱物就要明着问一声,否则,"不问自取,是为贼也",直接拿去用是不对的。

谁的就是谁的

我觉得做人应该分清楚,自己的就是自己的,别人的就是别人的。这样做人,虽然显得有点吝啬,就像我印象中的一些老人,但为人真实诚恳,是自己的,他会看管好,是别人的,丝毫不犯。我觉得这样好。

现在社会很开放，人的思想也开放，但再开放也要遵循一种适度的道。哪怕只是一个小东西，是自己的还是他人的，要分清楚，不能随意。太随意了，眼前似乎很义气、很亲近，但将来会出麻烦的。尤其是不打招呼就拿人东西这种情况，事情不大，但习气不好。

我希望老师们经常讲讲这种道理，让孩子知道，用同学的东西，要跟人说清楚，不说就成了偷。有些孩子不懂这个，一旦"用"习惯了，以后真的会偷。

以前我们有个老师就经常说："你们不要随便拿人东西，这是偷，知道吗，小时候偷针，大了偷牦牛。"

宋朝有一个叫查道的人。有一次，他跟仆人一起挑着礼物去远方看亲戚，因为忘了带口粮，又没找到吃饭的地方，到了中午时，他们特别饥饿。仆人说："要不我们吃一点礼品中的食物吧，太饿了。"

"那可不行。"查道说，"这是送给别人的，已经决定送了，就是别人的东西，我们中间偷吃是不合理的。"

我喜欢这种做人方式，谁的就是谁的，一丁一点都不会弄错。比如我要出门，找人看房子，如果是查道这样的人，我就不用担心，他只会帮你维护，不会自己拿什么东西，或者送人，所以非常可靠。否则，等我一回来什么都找不到了，怎么办？我也知道修行人不应该执著，但我没有那么高的境界，会很难过的。

所以，尽管我们不能跟大成就者比，但做人就要符合做人的准则，有缺点就要改，这样才能做个高尚的人。

高尚的人一般都很有原则,是借的、是给的,分得很清楚。所谓"亲兄弟,明算账",应该这样。有的人装大方,每次吃饭抢着自己一个人出钱,但其实心里并不乐意,结果弄到最后,别人都不敢跟他一起吃饭了。这也不必。AA 制挺好,现在中国很多人也这样,吃了多少,你出你的,我出我的,没什么不好意思。相反,一开始好像不执著,但越来越执著、越受伤,就没意思了。

谁的就是谁的,分得清清楚楚,做人真真实实、诚诚恳恳,这样好。

借人物 及时还
后有急 借不难

借别人的钱或物,要及时归还,这样以后有急用,再借就不难了。

有借有还

宋濂是明朝的诗文大家,也是开国的重要文臣。他小时候家里穷,买不起书,所以常常借书来读。有一次,宋濂在一户有钱人家里看到一本好书,他哀求着好容易借了出来,并答应了归还时间。回到家里,他开始抄书,还书的头一晚连夜赶抄。

母亲说:"这么冷,天亮再抄吧,人家又不等着看。"

宋濂说:"明天一定要还,这是信用问题。"

第二天一早,他抄完了,准时还给了主人。主人见宋濂这么守信用,就答应他以后可以来借任何一本书。这就是"有借有还,再借不难"。第一印象很重要。

我有个亲戚,有一次生病,跟我借了一点钱,说好还钱的时间。到了时间,他没钱,于是借了高利贷,从很远的地方亲自给我送来。当时我对他的印象很好,觉得他真诚。后来我们又有很多交往,交往过程中,我也一直非常信任他。

可能很多人觉得这件事很小,也包括修行人,不是特别在乎:"无所谓吧,虽然我承诺了,但到时兑不兑现没多大关系吧……"其实不是这样。说一个月就一个月,到时还不上,应该跟人打招呼:"不好意思,我现在还不上,能不能过几天还?"这样一说,对方会理解。什么都不说,就那么拖着是不对的。该说的要说。

出家人也要借书

有些出家人觉得:"我的境界高,我就住山洞,不接触人,所以不必学这些道理。"

可是,即使你长年闭关、不说话,一旦来到社会,还是要和人交往的。那时候,你也要借书、借钱,也要到期就还。所以,热衷修行的人也要学世间规范。否则,行为怪怪的,很难让世人生信心。

不过,可能有一种情况例外,就是你确实获得了某种超出世间的功德,比如,千经万论就在你心里,那样的话,你不用借书,甚至不用看书,你在哪儿佛法在哪儿。

以前有人去拜见广钦老和尚,一进屋,见里面没有一本经书。那人问:"您是和尚,为什么没有经书?"

他指一指自己的身体："都在这里了，要书干吗？"

根桑秋扎仁波切是法王如意宝的前世，年轻时，他广闻博学，十三部戒律通达无碍。然后，他用经函夹板夹住身体，去拉萨三大寺找人辩论。有人担心地问："你不带经书，到那些大寺院，有些内容忘了怎么办？"

他指指身体说："忘不了，你看这个夹子，里面夹的就是经书，我肚子里装的都是《毗奈耶经》。"

如果我们有这些大德的功德和境界，也就不用借书还书了，但如果没有，那不妨学学这些道理。

法王如意宝曾经一再告诉我们，人格是修行的基础，不仅是大圆满，修出离心、菩提心也需要人格。

好高骛远的人总是希求高法、大法，但这些法就像远处高山之巅的美丽花朵，必须经历踏踏实实的跋涉和艰苦攀爬才能采摘到，否则，只是想着高法，却不好好走眼前的平路，很可能掉进水坑里，爬不出来。

不仅修行，弘扬佛法也是一个道理。

海伦·凯勒通过顽强努力，克服了盲、聋、哑的缺陷，然后现身说法，令全世界无数盲聋哑人重新振作起来。就因为这个，她认为自己是世界上最快乐、最幸福的人。

同样，一个想要弘法的人，不是通达经论、能讲会说就可以，而是必须通过实际修持，克服人格中的各种缺陷——不说境界，至少成为一个比较高尚的人，这时候才可以自信地站到世人面前，为他们指点世间以及出世间的道理。否则，自己浑身都是问题，怎么能令人信服呢？

信

凡出言 信为先
诈与妄 奚可焉

在任何场合里说话，都要诚实守信，要说到做到，欺诈或者说妄语是不可以的。

诚实、讲信用，是做人的重要根基，也是赢得别人信任的基础。一个不诚实、不讲信用的人，会让别人形成非常不好的看法，哪怕只有一次说谎或者说了不做，知道的人就再也不敢信任他了。所以，古人非常强调信。

信字从字形来看，左边是"亻"，右边是"言"，可见主要是指语言的真实性。一个人能做到语言真实、表里一致，就是可靠的，也就是有信。有信的人，说什么就能兑现什么，所以能成事；而没有信的人，说了等于没说，所以不论在生活中、修行上，都不会有成就的。

我们知道，一个人说妄语通常是有原因的，要么是为了掩盖真相，要么是为了获取利益。然而，当你这么做的时候，也许暂时能获得一些利益，但从长远来看，一旦失信于人，那么你在家庭、团体或社会里，就很难得到认可了，甚至会找不到立身之地。

所以，我们做人一定要讲信用，不要说了不做，更不要故意欺诈。对于佛陀而言，因为断除了说妄语的因，又具有观照实相的智慧，所以被称作"真语者、实语者"，说什么就是什么，说什么就能做到什么。

而对于像我们这样的一般人来讲，除了诚实之外，如果在你做出承诺之前，能够尽量保持谨慎，就比较容易建立起信用，不会让人觉得你这个人靠不住、没价值。

关于这些道理，麦彭仁波切在《君规教言论·语言品》中有专门阐述，有兴趣的可以学习。

言出必行

我们的古圣先贤在做一件事情之前，会首先观察：我这样说，能不能做到？做的话，会不会有结果？如果他有把握，在有必要时就会说，说了就会做，做了就能做到，这就是"言出必行，行之必果"。

在这种言行一致、有头有尾的处事态度当中，因为对诚信理念的严格遵循，古代君子们养成了言语谨慎的态度，诚如孔子所说："古者言之不出，耻躬之不逮也。"古人不会轻易做出承诺，因为担心做不到，他以说了又做不到为耻辱。

与这样的道德要求相反，我们看到，现在有些人不以做不到为耻辱，只以说不出为耻辱，一有什么就爽快答应，说得也漂亮，但什么都做不出来。这是不讲信用。这个要改正，因为做远比说重要。我们在与人交往或者教育后代的过程中，要尽量去除那些虚浮的成分，不让它成为习惯。说了就要做到，这样才是对的。

讲一个曾参杀猪的故事：

曾参就是曾子，孔子门生中七十二贤之一。有一天，他的妻子去集市，儿子哭着吵着也要跟着去。妻子说："你好好待在家里，等我回来杀猪给你吃。"

妻子一回来，曾子马上去杀猪，妻子制止说："我不过是哄孩子，骗他而已，不是真要杀猪。"

曾子说："小孩子是不能骗的！小孩子没有什么判断能力，完全依赖父母的教导，他们听父母的。今天你欺骗了他，就是在教他欺骗。母亲欺骗儿子，儿子就不会相信他的母亲。这样的教育是不会有好效果的。"说完，曾子就把猪杀了，煮猪肉给孩子吃。

从这里我们看到，有智慧的古人不会为了让孩子听话就随便说妄语，这是有长远眼光的教育。

人无信不立

曾子对于信的重视，被孟子继承了下来，孟子说："车无辕而不行，人无信则不立。"马车没有辕——车前驾驭牲畜的那两根直木——就无法行走，而人没有信用则无法立足。这也就是孔子说的："人而无信，不知其可也。"一个人没有信用，不知道还能做什么。

古人是这样，今天的人更是这样，没有信用，就没有信任，所以要"言出必行"。

麦彭仁波切在《二规教言论》里说："直士自己所述语，虽无大义亦不舍，若具大义或发誓，永不违越何须说。"意思是，一个正直的人对自己做出的承诺，即使并无大义也不会舍弃，如果具有大义，或者是曾经发过誓的，那更不用说，永远都不会违越。

以前我在修建一个建筑的时候，有个人在我和另外一位上师面前都发愿资助,但建设过程中,他发现两方面同时资助有困难,于是找我说,他想先放下对那位上师的资助,专门帮助我。我说:"不能这样。这边你帮不上也不要紧,我熟悉你,那边你承诺了,就不要失信。"

他反复考虑之后,觉得有道理,就照做了。为了让他放心,我说我会另想办法的。

我不是说自己如何如何,但信用就是这样,承诺过的东西不能像刻在水上或沙上的文字,而要像刻在石头上那样,坚实而稳固。修行也一样,你在佛菩萨面前发愿闻思修一辈子,结果一年就退了;你说要发心五年,结果没五天就退了,这是不对的。承诺前必须慎重,而一旦承诺了,就要认认真真地履行。

话说多 不如少

多说话,不如少说话。

麦彭仁波切曾经说过:有时保持缄默不能成事,有时保持缄默能够成事,但如果不了知该不该说,就随随便便说,一定会招来许多过患。

有的人因为害怕说错话,怕得罪人,所以什么话都不说。这样一来,很可能该说的也没说,以致自己想要成办的事情成办不了,很可惜。这种缄默没有智慧。而有的人该说的才说,不该说的绝对不说;恰当的缄默反而成办了事情,很有智慧。

这里的重点不是不说,而是了知该说不该说。

该说的,在合适的因缘下,就应该说;而不该说的即使说很多,又有什么用呢?

多言何益

《墨子》里有这样一段师徒问答:

子禽问:"多说话有好处吗?"

墨子答:"蛤蟆和青蛙白天晚上叫个不停,一直叫到口干舌燥,也没有人听它的叫声。然而你看雄鸡,它只是在黎明时啼叫,一叫便惊动天下,人们都起床了。"

接着,墨子说:"多言何益,唯其言之时也。"多说话有什么好处呢?只有在该说的时候说,才是有用的。

我们要记住《口铭》里的这句话——"病从口入,祸从口出"。不该吃的吃了,会生病;不该说的说了,会惹来祸患。所以,多说不如少说。有些爱说的人,不是爱说佛法,而是爱说是非,这样不好,不仅没有意义,久了还会让人厌烦。诚如麦彭仁波切所说:"语言若不庄重者,如同乌鸦众人恨。"

可见,语言不庄重、随便说话的人,是不吉祥的。

惟其是 勿佞巧

要说就说真实的语言,不要说花言巧语,不要说不好的或者欺骗的语言。

该说什么

荀子说过:"君子之学也,以美其身;小人之学也,以为禽犊。"意思是,君子求学问,是为了完善自己;小人求学问是给人看的,为了有一些炫耀的资本。

和这种求学态度相一致的,就是智者在说话前会问自己:我这么说,是不是真实的、有意义的?是不是对他人有价值、有利益?如果是,他会说,说了也确实能起到这种效果。相反,愚者或喜欢投机取巧的人会先看:我这么说,会不会赢得别人的好感?如果会,他就说,但说了,可能对有些人有效果,对有些人则不然。

有经验的人知道,有一种人就是这样,只会说不会做,说得头头是道,但一做起来就让人伤心。

所以,说话最重要的是真实,除了真实之外,最好还能对他人有利益。佛经云:"若说悦耳语,成善无罪业。"这个悦耳语不是花言巧语,而是美好的、利他的语言,这种语言只会成就善法,而没有丝毫罪业。

奸巧语 秽污词
市井气 切戒之

邪恶、狡诈、虚伪的语言,污秽、下流的词句以及粗俗的说话态度,一定要戒除。

现在有些人很会骂人，一说起话来，都是一些不好的语言，甚至带有"市井气"——就是带有负面心态，比较粗鄙，不文明。

文明的语言很能体现一个人的教养和修为，所以我们要观察自己的语言。同时也要注意，不要接近坏人，所谓"宁可终岁不读书，不可一日近小人"，一辈子不读书，人不一定变坏，但一接近坏人就会染上恶习。比如，一个小孩子或不太成熟的人，可能平时一直挺好的，突然哪天跟一个坏人上街，回来就开始说脏话，状态也不一样了。

所以，老师家长平时要给孩子良好的教导，让他们知道什么是好的、值得学的语言，什么是不好的、要舍弃的语言。当然，大人们首先要注意自己的语言。

语言暴力

现在有一种说法，叫"语言暴力"，比如老师对学生说"你太笨了""真没出息"……这类语言是有伤害性的，有研究认为，其伤害性有甚于体罚。身体的伤痛很快就好了，但心理的创伤，也许一辈子都无法平复。

2005年，北京青少年法律援助与研究中心在对三十所学校的三百一十五名学生做过调查后，公布了一份《教师语言暴力调研报告》，数据显示，有百分之四十八的小学生、百分之三十六的初中生和百分之十八的高中生遭受过老师的语言暴力。

把语言变成暴力，一方面对学生有伤害，另一方面也说明有些老师的素质不高。老师的职责是传递知识，并通过言传身教，为孩子树立一个可以模仿的典范。但因为传统教育的缺失，有些老师自身的行为，不仅没有让学生们生起敬意，还给他们留下了不好的印象。

在寺院里也一样,做法师、辅导员的也要注意,大家选你们当法师、辅导员,是因为你们有智慧、有德行,希望从你们的传授中得到佛法的利益和启发。所以,这时候我们一定要留心自己的语言。凡夫有脾气是正常的,但想到自己的身份,即使是为了管理,一时特别气愤,也不要说那种侮辱人的语言,说过的要忏悔。

有人认为,不这么说就不起作用。但实际的情况是,国内外很多资深教育工作者都认为,这种带有情绪的暴力性语言,通常起到的是反作用,不仅会伤害学生,也会伤害老师自己。老师事后也会后悔的。

再说,师生天天在一起,就算不是针对自己,老师经常说的那些难听、刻薄的话,学生们也很容易就记住了。等以后他们当了老师,或在社会上有了一定位置,当他所能影响到的那些人不听话的时候,老师们今天留给他的这些"教言",很可能就派上用场了。

所以,老师也好,法师也好,如果我们真的为学生考虑,与其说一些刺激性语言,以求得快速效果,不如在我们和学生之间,在课堂上,营造一种温暖平和的气氛。"良言一句三冬暖",你的善意,学生们是看得到的;你的鼓励,学生们也会当作目标去努力。所以,我们要常常说一些悦耳、利他的语言。

我们要学会克制自己。家人、同事之间也一样,有情绪是正常的,但不一定要发脾气;如果一定要发,也不要什么挖苦、尖酸刻薄的话都不管不顾地说出来。要知道,"利刀割体痕易合,恶语伤人恨难消",但话一出口,就无法收回,就算后悔,伤害也已经造成了。

要克制，不要使用暴力语言。自我克制是比较难，但你克制了，既保护了对方，也保护了自己。

三种语言

《亲友书》里讲到三种语言：

第一种是称心的语言，如蜂蜜。比如，不论讲佛法还是世间的道理，你的表达和用语完全契合对方的心意，让他听了直接进到心里去，甚至几天当中都有一种清凉、甘美的回味，一想起来就觉得受用、舒适和快乐。

第二种是真实的语言，如鲜花。

第三种是颠倒的语言，如粪便。这种语言不仅是肮脏的，令人听而生厌，有些诽谤上师、僧众的语言，还是给自己带来无穷罪业的因缘。所以作者强调，在这三种语言当中，要说前两种，舍弃最后一种。

怎么舍弃呢？伟大的修行者勒索巴格西说："如果这世上有人肯听我的话，我建议你将嘴巴锁上，然后把钥匙交给别人，除了吃饭打开外，平时就紧锁着好了。"

我经常看见有些道友胸前挂一个大大的"禁语"牌，有人跟他说话，他就点头、摇头、微笑，这样挺好。不过我们也要知道，修行不是一天两天、一个月两个月的事，要长期观察自心、调整心的走向才有意义。

有的人羡慕别人闭关，闭关是很好，但我觉得，短时间的修行谁都做得到，不用羡慕，只有那种十年二十年甚至一生都在正知正念的观照中，把生命融入修行的人，才值得随喜。

刚接触佛法的人都很精进，往往两三天不睡觉，怕浪费时间。这种心态我刚来的时候也有，但不是长久之计。

我们要长期修行，只有长时间地运用佛法以及世间这类教言约束自己，才可以看到效果。

见未真 勿轻言
知未的 勿轻传

没有看到事情的真相之前，不要轻易地议论或评价；了解、认识得不够彻底或究竟，也不要轻易传播。

随意评价或传播一件事情，是非常危险的。尤其是说他人的过失这件事，一定要小心。如果我们看到某人有不如法的行为，要先问问自己："我看到的是真相吗？"如果思维这件事情，也要问问自己："我的认识对吗？足够深刻和周全吗？"如果不是，或不确定，那么千万不要武断地评价，更不要传出去。否则很可能成了毁谤，一句话把别人一辈子的声誉和幸福毁掉。

反过来想，如果你是他，别人冤枉你，你怎么办？本来你没有错，但你的言行被人有意无意地误解，接着一传十、十传百，整个世界的人都知道了，然后你成了坏人，名誉扫地、无法立足，你要找谁承担责任？

所以，不要轻易断定别人的对错。要知道，我们看到、听到的不一定是真的，我们想到的也不一定是对的。唯一可以肯定的,就是在他人的言行背后,一定有很多复杂的因缘,而在具体因缘没有搞清楚之前,就随便地说或传,是不对的,至少是不公正的。

佛教的清净心和慈悲心要求我们,不能说他人的过失。如果我们做不到,一定要说,那就首先看清楚、想明白,然后再说。

耳听为虚

俗话说,"耳听为虚,眼见为实",但现在有些人就是把道听途说的东西加上自己的分别念,编织出一个"精彩"的故事,放到媒体上传播。结果传播久了,虚的慢慢变成了实的,人们都相信了。

《战国策》里"三人成虎"讲的就是这个道理。

魏国的大臣庞葱要陪同太子去赵国的邯郸做人质。临行前,庞葱对魏王说:"如果现在有一个人说,外面街市上来了一只老虎,大王您相信吗?"

魏王说:"不信。"

"如果有两个人说,您信吗?"

"我将信将疑。"

"三个人说呢?"

"那我会信的。"

庞葱说:"街市上没有老虎,这一点很明显,然而三个人说有老虎,大王您就相信真有老虎了。跟街市比起来,邯郸离您远得多,议论我的人又不止三个,请大王明察。"

魏王说:"我自有分寸。"

于是庞葱告辞去了赵国,而毁谤他的话也很快传到了魏王那里。后来太子结束了人质生活，庞葱果然没有能再得到魏王的召见。

在这个故事里，庞葱不是没有预见，他提醒魏王了；魏王也不是想听信谗言，他有提防，但问题是，谗言一来，议论一多，他还是失去了正确判断。

所以，很多时候，我们也不能太相信自己。在一个充满谎言、误导和手段的时代里，有些东西就是因为说的人多了，即使我们也觉得里面有中伤的成分，有夸大的地方，但还是信了，甚至连无中生有的事都信。

还有一种情况是偏听偏信。有的负责人就常常听一面之词，本来是两人之间的矛盾，应该两方面都听一听、观察一下的，但因为其中一个特别会说，结果明明是这样，却成了那样。

我们确实需要有一种智慧眼来观照世间。记住古印度一位大德的提醒：我们听到的很可能与事实有距离，不要不经判断，就把它当做真相的依据。

眼见为实吗？

如果耳听为虚，那么，眼见就为实吗？

我讲个《吕氏春秋》里的公案：有一次，孔子被困在陈国和蔡国之间，七天七夜没有吃到一粒米，白天也无力地躺着。颜回出去讨米，讨到一些，回来煮给老师吃。快熟的时候，孔子看见颜回抓了一把吃了。

过一会儿，饭熟了，颜回端上来请孔子进食。孔子装着没看见颜回抓米吃，善巧地说："我刚才梦到祖先了，先用干净的食物祭祀吧。"

颜回说:"不行啊,刚才有些灰掉进锅里,扔掉带灰的米不吉祥,于是我就抓起来吃了。但这米饭已经不干净了,所以不能用以祭祀。"

孔子一听,知道自己刚才看错了,感叹道:"所信者目也,而目犹不可信;所恃者心也,而心犹不足恃。弟子记之,知人固不易矣。"我们总是相信自己的眼睛,以为眼见为实,然而眼睛也不都是可信的;我们判断事物总是依靠自己的心,然而心也不都是可靠的。弟子们记住,了解一个人确实不容易啊!

耳朵不可靠,眼睛也不可靠,那我们的心呢?心也不可靠。依据佛教说法,这些都不是究竟正量。如《三摩地王经》所说:"眼耳鼻非量,舌身意亦非,若诸根为量,圣道复益谁?"眼、耳、鼻不是究竟正确的衡量标准,舌、身、意也不是,如果这六根是究竟正量,那么佛陀以清净智慧眼证悟并揭示的圣道,还对谁有用呢?

由此可见,有时我们不能完全信赖自己的眼和心,佛经里说,在没有获得圣者果位之前,它们经常会犯错。我想很多人都有这种经验,曾经认为某件事非常对,等智慧成熟了,却发现其实是错的。我看自己刚来佛学院时写的书就是这样,有的教证解释得不全面,但当时并不知道。

因为感觉到这种幼稚状态,我有时都没自信了。直到看见麦彭仁波切在《七句祈祷文释》末尾小字中说,他发现年轻时为这篇祈祷文做的讲义有些啰唆,一直想修改。麦彭仁波切是文殊菩萨的真实化现,菩萨显现上也这样,更何况我们凡夫?从那以后,我心里才稍感释然。

总之,我们要知道自己智慧有限,我们的判断不见得就那么千真万确,尤其是对他人的判断。在家人也好,出家人也好,在没有见到真相之前,不要轻易下结论,更不要到处传扬。即使你看到别人好像有不如法行为,实际上不一定真是那样,也许他有其他动机,或不为你所知的境界。

我们要记住,"知人固不易矣",不可以草率评价。

而作为修行人,《毗奈耶经》要求我们不可诽谤,不论有没有根据,都要制止。而《佛子行》更要求我们不说他人过失,唯一观清净心。所以,就算你看到了,看准了,没有特殊的必要,也不能说。

恒时以正知正念守护根门,是最重要的。

常识与见识

此外,我们通常的判断都是基于常识,但在常识的普遍性之外,也有特例,这时候就要靠见识了。

有一次,苏东坡去拜会丞相王安石。主人出门了,苏东坡在书房等候,见桌上有一首没写完的诗:"昨夜西风过园林,吹落黄花满地金。"说是昨天晚上西风吹过园林,菊花瓣被吹落,就像黄金铺满大地一样。

苏东坡暗自好笑:这个丞相真是没有常识,菊花是秋天开放的,就算是枯萎了,花瓣也不会落。看来得跟他说说。于是顺手在下面补了两句:"秋花不比春花落,说与诗人仔细吟。"秋天的菊花和春天的花不一样,它不落瓣的,我说给你这位诗人仔细想想。

王安石回来一看,也没说什么,等第二天上朝时,暗地里请皇上把苏东坡贬到黄州。

苏东坡以为是记恨他，不以为意，也就去了黄州。在黄州住了一年，九九重阳那天，他请朋友来后园赏菊。一进后园，他看到满地都是菊花瓣。原来那几天刮风，菊花瓣全都被吹落了。友人告诉他，一般的菊花是不落瓣的，但黄州的菊花特殊，是落瓣的。

这时他想起了王安石的那句"满地金"，也后悔自己续写了两句。据说，后来王安石又把他调回京城，他也专门为此向王安石道歉了。

从这个故事我们看到，一个人不论在世间生活，还是出世间修行，既要有常识，又要有见识。如果只见普遍不见例外，就会固守有限见解，做不到全面认知。

事非宜 勿轻诺
苟轻诺 进退错

对于不合理、不恰当的事情，不要轻易承诺，一旦轻易承诺，会进退两难，做也不是，不做也不是。

智者通常有一种特点：重视诺言。因为重视诺言，他在给出承诺前，会详细周全地观察，当观察到这件事情有意义、自己也能做到的时候，会承诺，否则就不会。而愚者相反，愚者遇事不作观察，别人说什么马上答应，于是常常违背诺言。

诚如《道德经》所说："夫轻诺必寡信，多易必多难。"

把事情看得简单,轻易许诺,结果必然缺乏信用;认为事情不难,很轻略地去做,结果必然处处遇到困难,以至于有始无终。

我建议大家还是效仿智者,宁肯事前谨慎,不轻易承诺,而一旦承诺了,就不放弃。就像华智仁波切在《自我教言》中对自己说的:"承诺不该有变动。"一旦你承诺了,死也不能变,要用耐心和坚持完成它。

看看那些古今的大德,他们慎重地承诺受持戒律,之后遇到再大违缘也守护清净;他们诚挚地皈依三宝并发起菩提心,之后经历再多坎坷也从不退转。

这就是智者的信用,这种信用,不仅帮助他们走过完美的人生旅程,也让他们脱离轮回,获得了解脱。

一诺千金

一句承诺值多少钱呢?据《史记》记载,秦朝末期,楚地季布的承诺值一千两黄金,人们都说:"得黄金百斤,不如得季布一诺。"这就是"一诺千金"的出处。

有一次,我和某人在一件工作上沟通了很久,我想让他同意我的想法,但他始终坚持自己的观点,有自己的观察。开头我觉得这个人太固执,不好,但后来结合从前的了解想想,觉得也好,因为他不像墙头草变来变去,今天态度这么认真,将来承诺了,也不会被别人的语言所改变。想到这里,我反倒踏实了,感觉这种单纯的行事理念,也表明他对自己有信心,做事会守信用。

前段时间我遇到另外一个人,他一开始很爽快地答应捐赠,并在众人面前签了协议,但后来发现他要帮助的那个人有问题,于是找出各种理由反悔，弄得自己非常难堪，也就是这里说的"进退错"：做吧，心里不舒服，觉得上当了；不做吧，也不合适，毕竟已经承诺了。

对比这两个人的情况，很显然，前者要明智得多。以后我们做任何事情，事前必须头脑清醒，要详详细细观察一番后才能承诺。不仅是承诺，表达自己的观点也一样。《量理宝藏论》中说过："先许后察愚者举，先察后许智者轨。"先说出自己的观点，然后再观察，这是愚者的行为；先认认真真观察，然后再说出观点，才是智者的做法。

总之，如果你承诺了，就要做到。古代也好，现在也好，人们欣赏"一诺千金"的思想，就是因为这种品质当中蕴涵着很强的人格力量。

讲到这里，可能有的修行人不耐烦了："我是来学大乘佛法、学密法的，听这些孔孟之道有什么用呢？这些世间规矩与我的根基不相应。"

如果觉得不相应，那我倒有些担心，因为做人和修行佛法从来都是一致的，不守信用、不会与人交往，又怎么能说修行好呢？我们想想，为什么法王如意宝等高僧大德在世人心目中具有崇高声望，事业如此成功？原因很简单，除了高深的修证外，人格魅力是关键因素。

不要忘了，我们都生活在世间，而生活在世间就要让世人看得惯。他们也许不知道你的内在有什么境界，但他们看得到你为人处世的情况，并会就此做出评判。所以，不论是从眼下的修行看，还是为将来的弘法利生考虑，人规方面都值得每一个修行人努力。

否则，如果言行上不能顺应人们的认知习惯，那我们的形象就会大打折扣，招来非议也是不奇怪的。

失信与失体

回到信用问题。古人看到，人们在彼此关系好、感觉愉悦时做出的承诺，到了关系不好、感觉不快的时候，经常反悔，于是教诫：要想守信，就不要轻诺。

在弘一大师辑录的格言中，有一句引自《格言联璧》的话："盛喜中勿许人物，盛怒中勿答人书。"意思是，当你非常欢喜的时候，不要答应给别人什么东西；当你极度愤怒的时候，不要答复别人的书信。

为什么呢？接下来一句是陈继儒的教诫："喜时之言多失信，怒时之言多失体。"我们知道，喜和怒都不是平静的状态。

欢喜时，就像有些居士第一次见上师，欢喜不已，一开口就把房子、车子、身口意全部供养了。然而，欢喜劲儿一过，当师徒关系如秋天的大地，越来越硬乃至完全冻住时，又把许诺全部收回了。这就是失信。

而人在愤怒时，经常会出口不逊，所以答复对方的语言往往不得当，容易变成争辩、指责甚至毁谤，这是失体，也就是不合乎相应的礼节和体统。

失信与失体有时就在于一句话。所以，作为修行人，一方面要会控制情绪，另一方面要慎言。对那些分内本该承担、自己也有把握的事，直接承诺也不失果断，不必患得患失；但如果心里没底，又有些冲动的感觉，最好三思而后行。

否则，话说出去就是说出去了，"君子一言，驷马难追"，想挽回就困难了。我们藏族人说:"唾沫吐到地上,再捡起来,就不庄严了。"

凡道字 重且舒
勿急疾 勿模糊

说话要稳重、舒缓,不要急,也不要说得太快,吐字一定要清晰,不能模模糊糊。

有的人说话特别快,就像音频快进一样,我还没反应过来,就说完了。这种情况应该调整一下,要看看别人的表情,然后适当放慢语速。不能太快。

还有的人说话含含糊糊,用民间说法,就好像嘴里含着一块石头一样,说不清楚。这种情况,有的可能是前世在语言方面造了恶业导致的,不好改,要多忏悔。有的只是训练不够,要么没自信,有什么都埋在心里,不敢说出来;要么从小缺乏适当的交流和表达环境,以致没有机会培养出良好的语言能力。

现在人认为,语言是一项很重要的能力,有必要付出努力训练好,对此我很认同。虽然从过患上看,多说不如少说,但对于那些该说的,如果能以真诚的心态,恰当而不花哨地表达出来,也是很好的。

说话和说法

西晋时有一位名臣叫裴秀,他的语言能力就是从小在家里培养的。他生长在贵族家庭,每次来了客人,母亲便有意让他端茶送水、上饭上菜。在招待客人的过程中,他不仅恭敬有礼,而且好学,从客人们身上学到了许多礼节和讲话的方法。渐渐地,他的举止、言谈变得越来越优雅,受到众人认可。

这种认可很重要。在今天的社会里,老师也好,生意人也好,在传递知识或拓展事业的过程中,必须有这么一种让人容易接受的沟通素质。佛教徒也一样,不论在家出家,在你学习了佛法,有一些道理想说时,也要具备这种素质。如果你有笃定稳重的态度,表达清晰,同时又能简明扼要、富于逻辑,那么听者就容易接受。

当然,在这之上,对一个说法者来讲,除了说话能力外,还要有一项更重要的能力,就是应机说法。

佛陀座下有十大弟子,其中的"说法第一"是富楼那尊者,他总是先观察人的根机,然后说法。

遇到医生,他会说:"我知道医生可以医治身体的疾病,但人们心里的贪嗔痴这些大病,你有办法治疗吗?"

医生回答:"我没有。您有吗?"

尊者说:"对,我有。我从佛陀那里学到的教法如同甘露,谁饮下它,就可以洗涤内心的垢染;而由此生起的戒定慧三学则如灵丹妙药,可以治愈一切心病。"

遇到官吏,他会问:"你们做官的人,可以惩治犯了罪的人,但有办法让人不犯罪吗?"

官吏回答:"虽然有国法,但国法并不能使人不犯罪。"

尊者说:"除了国法以外,人们还应该奉行佛法。如果人们都能相信因果轮回的法则，进而奉行五戒十善，那么整个世界的人就不会犯罪了。"

他对农夫说："你们耕水田、种粮食，这是在外境上播种并收获，只能养活色身，但如何培养慧命，你们知道吗？我教你们耕福田、养慧命的方法好吗？"

农夫问："耕福田、养慧命是用什么方法？"

尊者说："信仰佛教、奉事三宝、恭敬沙门、看护病人、热心慈善、孝顺双亲，对乡邻隐恶扬善，对各类生命慈心不杀，这些都是耕种福田的最好方法。"

诸如此类，对什么样的人，尊者就会说什么样的法，利他的动机加上善巧的语言，让每一个听到的人都能直接而轻松地接受他的教化。这就是应机说法。

当然，也许我们不能像富楼那尊者那样，圆融地帮助到每一个我们遇见的人，但至少能避免一些错误。比如对一个有人文情怀的人，就不要说太多科技方面的话题；对一个比较感性的人，就不要介绍太多因明推理。只要在交谈中慢慢找到对方的兴趣点，从那里引入一些佛教知识，可能成功的概率会高很多。

说法和一般的说话不一样，要求更高一点。

彼说长 此说短
不关己 莫闲管

那个人说长，这个人说短，听到这些跟自己无关的是是非非，不要去管。

跟自己有关的事，我们当然会比较关心，别人诽谤我、赞叹我，我的感受不一样。但这时候也不是非得争个长短，诚如憨山大师在《醒世歌》里所说："是非不必争人我，彼此何须论短长。"

和自己有关的事都可以这样洒脱，那与自己无关的那些张家长李家短，我们又何必搅在里面说是说非？浪费时间而已，不如把心思花在应该花的地方。

作为修行人，我们应该在闻思、辩论、讲考、修心上面多花心思。即使要交流，也应该多讲佛法，而开口闭口讲是非，动不动说人过失，是不合适的。你们也知道，如果对方是严厉的对境，你说他过失，就不仅是德行亏缺的问题了，而是今生来世都将因此感受种种痛苦和损失。

专注自己的事

我知道，是是非非这类东西，有人爱说，也有人爱听，而且一聊起来就没完没了："你们在说谁？真的？太好了，我先喝口茶，我们一起说。我也觉得他有问题……"

有的人就是这样，对闻思没兴趣，工作也不努力，但一说这些就特别开心，好像成了是非专家。不过，说的时候开心，等被说的人来调查传播源，又往外推："我从来没说过，你们不要冤枉我！"很不庄严。

早知如此，何必说呢？

除非你是僧团的管家，在那个位置上，道友们有了争执，你得管。否则，就算你看到别人的过失，也没必要说出去。所谓"明知不对，少说为佳"，所谓"人有短，切莫揭，人有私，切莫说"。管家是不得不管，但他也不能听到什么就说出去。管家都不行，何况其他人？

所以，"不在其位，不谋其政"，你不在那个位置上，就"莫闲管"，没必要参与。莫闲管，你就可以集中精力专注自己的事情，也唯有如此，才会出成就。

汉朝的董仲舒从小勤奋好学，父亲怕他累坏了，就在他的书房旁边建了一座花园，但他一心钻研学问，三年当中竟然没有去看过一眼，这就是"三年不窥园"的典故。

正是这种专注态度，使得董仲舒成为一代著名思想家、政治家。因感当时各家思想太过杂乱，他向汉武帝建议"罢黜百家，独尊儒术"，汉武帝接受了。从那时候开始，全国上下专一推行儒教理念，形成了统一思想，对整个中国历史的影响极为深远。

所以，不论做学问还是修行，都要专注。

不关己，管还是不管

有人可能会问："儒教既然讲仁爱，为什么又说'不关己，莫闲管'呢？"

我认为，"不关己，莫闲管"的本意，是让我们不要理会太多的是是非非，不要说长道短。但不幸的是，很多人却把它当成了自保的信条、冷漠的理由。

1964年，美国发生了一起令人震惊的杀人案：当时有三十八人亲眼目睹了一名女子被陌生人刺杀，但在持续半小时、来回三次的刺杀过程中，竟然没有一个人出面救助或报警。可能每个人的想法都差不多："反正跟我没关系，不要多管闲事，免得惹火烧身。"

近几年，这种冷漠现象也比较多，比如，某某孩子从楼上摔下来，还没死，但围观的人只是看热闹，没人上前救护，结果孩子死了；某某老人在街上犯了心脏病，痛苦地扭曲了很长时间，也没人救，结果死了……如果当时有人送他们去医院，应该还有生存机会，但也许是不敢，也许还是这种理念——"不关己，莫闲管"。

不过，有时候也不是不关己的。四川有则新闻：一个中年妇女同一名男子走到江边时，听见有人落水喊"救命"。男子准备去救人，妇女却说："少管闲事，我们走我们的，过一会儿他会自己浮起来。"

结果，淹死的正是她的亲生女儿。

可能有人觉得，这种概率很小，多数情况还是"不关己"的，所以不管也没什么不对。但是，我们转换一下心态，就算对方跟我没什么关系，不是我的亲人，不是我的朋友，但他的苦难就摆在面前，难道就对我没有丝毫触动？难道他的痛苦不足以成为我帮助他的理由吗？

儒教的仁爱思想让我们把他人当做兄弟，佛教的慈悲理念让我们视他人为父母。如果我们的心里不是只有自己，他人的痛苦，众生的痛苦，就可以成为我们利他的动机。

请大家记住，不是只有跟自己有关的事才需要管，我们可以心怀天下，就像孟子说的："以天下兴亡为己任。"我们也应该慈悲一切众生，就像《大智度论》说的："大慈与一切众生乐，大悲拔一切众生苦。"

因此,所谓"不关己,莫闲管",应该从两方面解释:在是非长短方面,与己有关无关的,都不要管;而在众生的痛苦方面,与己无关的人或其他众生,也都要管。

> 见人善 即思齐
> 纵去远 以渐跻

看到别人贤善的地方,要想着向他看齐,纵然距离遥远,也要依靠努力慢慢达到那种境界。

佛教里有一个词叫"随喜",就是见到别人的善行,自己也从内心里感到欢喜。修行随喜,不仅可以消除嫉妒、排斥、质疑、淡漠等负面心态,还可以获得同样的快乐,以及与他人所行善法同样的功德。

在这个世界上,乐于行善的人不多,而能剔除自利、完全利他的人更少,恐怕连千分之一、万分之一都不到。就算在我们佛教团体中,出家人也好,居士也好,真正能够修持菩萨行为的人,可能也是比较有限的。

所以,凡是见到有人行善,我们都要去随喜。

行善者从明入明

《无量寿经》中说:"善人行善,从乐入乐,从明入明。"意思是,善良的人修行善法,他的前途就是从快乐走向快乐,从光明走向光明。

有人问:"犯了罪的人,后来被关进监狱,这是我们看得到的。但因果细微,世间有这么多人,有的行善,有的造恶,每个人自己也是既造恶又行善,如果因果真实不虚,那么从善因到乐果,从恶因到苦果,是谁在安排,谁能保证它们不错谬呢?是不是有个造物主?"

没有造物主,是善恶业自己的造作。

举个例子,我们在一块田里播下无数颗种子,有青稞的种子,有小麦的种子,这时需不需要一个人来安排,以保证青稞长成青稞,小麦长成小麦?显然不需要。当阳光、水分等因缘具足,青稞自然长成青稞,小麦自然长成小麦,没有一个会弄错。当然,也不是谁把它们弄对的。

同样,行善自然得乐,造恶自然受苦。如果你感受到痛苦,要相信,那绝对不是善业带来的。

所以,佛教徒也好,非佛教徒也好,都要相信因果。如果你希求快乐,就要修善;如果你不想痛苦,就不要造恶。没有谁在为你安排因果,除了你自己。你在阿赖耶识上播下或善或恶的种子,然后它们结出果实。

有人又问:"我们看到,种子在发芽生长的过程中,遇到外力伤害时会夭折,因果有没有这种现象呢?"

也有。善的种子和苗芽,会被嗔心的火烧毁,烧毁了,就不会成熟乐果了;恶的种子,会被菩提心火烧毁,会被忏悔的水洗净,洗净了,烧毁了,就不会成熟苦果了。

我们在心田里种了什么种子,不管是今生还是来世,因缘一聚合,就会成熟相应的果。明白这个道理以后,我们就知道为什么要断恶修善了。

向善看齐

我读小学时有一名老师,每次在操场集合,他都大声喊着"向右看齐——向前看——",他的普通话不标准,口音很重,不过这也让我对他那句"向右看齐"印象深刻,至今仍时常想起。

我觉得,我们的人生应该向善看齐。古人说"见贤思齐",什么时候我们能因为一部论典、一个人的行为或一句教言而向善看齐,我们的人生可能就改变了。

三国时的邓艾,十二岁跟随母亲迁居颍川,路上看到一块墓碑上写着:"文为世范,行为士则"。意思是,这里埋葬的这个人,他的文章堪为世间的典范,他的行为则是读书人的榜样。读完之后,邓艾心生仰慕,决定以此作为自己一生的追求方向。后来,他成了一代名将。

我也认识一些人,他们以前不信佛,但在遇到一位上师或者他的教言以后,开始信佛了。不仅信佛,而且开始系统学习佛法。他们说,那位上师、那句教言改变了他的一生。我想不仅是这一生,那个有力的缘起,对他的来世乃至多生累世走上行善之路,都是一个殊胜的开端。

我常常告诉大家,如果能系统学习佛法,将是我们一生最大的福气。而在所有佛法当中,我觉得,内容最系统、让我最有收获的是《大圆满前行》。所以每次有人问我,有哪一部论典可以既完整又简捷准确地指导他一生的修行时,我都会推荐《大圆满前行》。

我认为,本论作者华智仁波切对上师的圆满信心,以及他的真实成就和清净传承，都保证了这部论典成为当今修行人不可多得的殊胜引导。

所以，我们要向华智仁波切看齐，要向加行看齐。我倡导大家修加行，是因为在我们的修行传统中，没有一位上师是不重视加行的，而且以我对佛教的熟悉和个人修行体会来看，没有加行基础，是修不上去的。

不愿意修加行的人，自己不修就可以，不要障碍别人："算了算了，闻思有什么用？修加行有什么用？不用修善法，一切都是空的，安住在自然光明当中就可以。"其实他什么境界都没有。但有些正要步入正轨的人，因为缺乏定解，很可能被这种人带进歧途，断送慧命。

正确的路在这边，愚痴的人偏要往那边，这种现象自古有之。但我希望大家用智慧观察，你现在的身心相续是什么状态，高僧大德们又有怎样的功德和成就；这些看明白了，再看看，像《大圆满前行》这样的论典，是不是为你的解脱指出了一条光明之路。如果是，就这样走。

总之，今天我们讲这个向善看齐的道理，一方面是学会随喜，另一方面要努力让自己达到同样的成就。虽然大菩萨们的功德和广大利他事业，我们凡夫无法企及，像法王如意宝倡导大家用转经轮或放生，仅仅一次的善行，我们多生累劫都做不到，但我们要有一种追随之心。

《史记》中说："高山仰止，景行行止，虽不能至，然心向往之。"对那些高尚的道德，对那些光明的行为，尽管我们还没达到，但心里一定要有深深的向往。

见人恶 即内省
有则改 无加警

看到别人有一些恶劣的、不好的地方,要向内反省,看自己有没有。如果有,赶紧改;如果没有,就多加警惕。

这个世界上有好人,也有坏人,看到好人好事,就像刚才说的,我们要思齐;而见到坏人坏事,则应该内省,孔子说:"见不贤而内自省也。"遗憾的是,现在很多年轻人好的不学,专门学不好的,尤其是电影、电视以及网络中的一些恶劣行为,竟成了很多人的成长教材。

殊不知,恶行只会带来痛苦,诚如《无量寿经》中所说:"恶人行恶,从苦入苦,从冥入冥。"恶人行持恶业,将来一定是从痛苦趣入痛苦,从黑暗走向黑暗。所以,做人要有智慧,见到不好的行为不要学,要内省。

内省即是修行

曾子说:"吾日三省吾身:为人谋而不忠乎?与朋友交而不信乎?传不习乎?"我每日多次省察自己,为人做事,是否忠诚、尽心?与朋友交往,是否诚实、守信?对老师所传授的知识,有没有温习?

这就是内省,内省即是修行。

会修行与不会修行的区别在于，不会修行的人，起了什么心念就跟着走，有时都不知道自己在干什么。但会修行的人不同，他会根据佛教的教导，用正知正念观察自己的身口意动向：我在想什么？我在说什么、做什么？这样想对吗？这样说、这样做对吗……

有了正确的知见，以及时时警觉的正念力量，身口意犯了错误，或刚刚萌芽的时候，就会立即被调伏和改正，这样坏习气才不会发展和延续下去。这个修行做得好，善念善行就会渐渐增加，恶念恶行会渐渐减少，所以，修行人要常常祈祷上师三宝，加持自己改过迁善。

唐太宗曾说："以铜为镜，可以正衣冠；以古为镜，可以知兴替；以人为镜，可以明得失。"魏徵死的时候，唐太宗说自己少了一面镜子。他把一切当做内省的工具。一个成熟的修行人也是如此，因为有了相当的智慧，内观自心是在深化修行，而看到任何现象，符合道德的也好，不符合道德的也好，都会内化为修行的助缘。

借助修行，我们不仅要改掉过失、成就善行，更重要的是，要把所有行为转变为利益众生的行为。

我始终认为，作为大乘佛教徒，我们活着的唯一目标就是弘法利生。如果有人牢牢记住这一点，我相信，在你的有生之年乃至生生世世当中，因为这一目标的推动，你为佛法、为众生付出一切的决心，会让你完成最彻底、最圆满的修行。

唯德学 唯才艺
不如人 当自砺

一个人最重要的是道德学问，然后是才艺，只有当这些不如人的时候，才要自我勉励，发奋求取。

在吃穿方面不如别人，没什么关系，但如果道德落后了，就要问问自己："同样是人，为什么别人的品行那么高尚，而我这么差劲？为什么别人学得那么好，而我就是学不会？"这种竞争，某些高僧大德求学时也有，但他们不是争是非长短，而是争戒定慧、闻思修。

我们也要在这方面竞争。别人考得高，我考得低，我要努力；别人修得多，我修得少，我要努力……同在一位上师座下听法，在同样长的时间里学习，为什么我就不行？这时候不要修自他交换，"高分让给你们吧，零分给我"，然后一点都不努力。这样怎么能求到知识呢？

我们在追求道德和修行善法上要不知满足。《大学》中说："大学之道，在明明德，在亲民，在止于至善。"大人之学的宗旨，在于开显自身本具的光明性德，在于使人人去除染污而自新，在于达到最圆满的善的境界。

所以，为了向善，我们要常常自我激励。

慈善

三年前我资助了一个大学生，这次他到我这儿取学费。他每年放假来一次，但我每次都感觉他有变化，变得一年比一年差。以前我没说，但这次忍不住了，我说："我感觉我给你的钱都浪费了。"

他说："不会呀，我马上就大学毕业了，还准备考研，我读研究生没问题。"

他比较聪明，这是真的，考研没问题。但我说："你读研究生的钱，我就不帮你了。一学年八千块，我把这八千块钱布施给八十个乞丐，每人一百，可能更有意义。我希望你明白，你的德行让我很失望，在家里不孝顺，在外面不好好做人，信仰也越来越弱了……"

他用各种方法讨好我，但我清楚，百分之九十是表演。

最近我资助了不少大学生到藏地汉地的大学读书。但我注意到，有的孩子一到那边就变了。变的原因，有一部分是学习氛围不好，缺之向上的和服务社会的人文教育，但主要还是自己不争气。反正读了几年，我感觉他们的眼神、言行举止里多了一种卑俗和功利的东西。

经验告诉我，这种东西会淹没德行，而没有德行的人是很难真正有前途的。所以我对那个孩子说："我希望你好好做人，做个有用的人。没有德行，你学得再好，将来也不见得能给自己和他人带来什么利益。"

我知道，自己做慈善的初衷是好的，我也理解，人是会变的。我不会因为对一两个人失望就停止努力，但我确实觉得，有远见的家长应该从小培养孩子的德行。

前两天，有个八岁小学生供养我三十块钱，说是捐给慈善基金。我问他："你想做什么慈善？"

他说："有很多小朋友没有笔、没有纸，这是我积攒的一点零花钱，想用它帮助那些小朋友。"

他的话很朴实，但八岁就有这样的善心，可以想见，如果这颗心能够延续并发展，等长大了，他的存在对他周围的人、对整个社会，一定是有价值的。

我希望学校能够鼓励这种善心和善行，而不是只在意分数。现在的老师和父母喜欢用成功来激励孩子学习，但这种教育过了头，也许能给他一些动力，但同时也会强化他的自我观念。自我被强化的结果，就是将来在他追求成功的过程中，心里只有自己，那时候，虚荣、狡诈甚至不择手段，自然会成为一种人生常态。我相信没有一个家长愿意看到自己的孩子变成那样，这不是成功的教育。

社会是很残酷，但越是在这种残酷环境里，我们有意无意教导的那种只考虑自己、不关心他人的生存理念，越会给他们增加生存难度。相反，利他和慈悲的教育，一定会为他们今后的人生带来广阔天地。这才是真正的财富。

求知当自励

还得再说说大学生。有时候看看，现在的大学生在受教育的这几年当中，能学到的知识其实比较有限，万一再不用功，想成就真正的学问是很困难的。专业知识可以帮我们谋生，但如果想在人生路上有大的发展，必然还需要一些传统的人格教育。

我常常从很多知识分子身上看到一个问题，就是他们不论学什么知识，只要字面上能理解，就以为懂了、明白了。然而事实上，其他知识或许如此，但传统思想，尤其是那些有关人格锤炼的教言，却未必如是。因为这种知识的难度通常不是词句，而是实践，必须反复认识和运用，才能让它成为自己的东西。

所以，我希望今天的知识分子在学习这类知识的时候，最好有一种开放、谦虚和恭敬的态度。

在藏传佛教的传统里，很多大德因为接受了系统的讲辩著训练，随时准备接受真理，所以在道德越来越深厚、智慧越来越增上的时候，反而越来越恭敬地接受一切知识。我觉得，这种态度本身就是学问。

总之，这个颂词提醒我们，求知当自励。如果在道德、才艺方面不如人，应该自我策励，争取赶上去。

出家人也一样。出家人要学好佛法，别人得奖，我为什么得不到？出家人要利益众生，所以要会讲法、写文章，别人讲得好、写得好，我为什么不行？

> 若衣服 若饮食
> 不如人 勿生戚

如果衣服、饮食方面不如别人，则不必难过。

现在很多人喜欢攀比服饰、饮食、车子、房子，但在这些东西上比来比去，也比不出什么真正的人生品质。尤其是在校学生，应该比的是道德学问,至于吃得讲不讲究、穿得高不高档,不需要比。把这些当人生目标更不值,那样就不会有什么真正的理想了。

有人吃顿饭几千几万,穿件衣服几万、几十万甚至上百万,但仔细想想,用远超过需要的高昂付出,填满和包裹的不过是一副"臭皮囊"而已,免不了生老病死。

所以,比吃穿没有意义,和那些外面朴素而内有德行的人相比,差距是显而易见的。

比富不如比德

晋朝的石崇与王恺常常比富。王恺用糖水洗锅,石崇便用蜡烛当柴烧;王恺做四十里的紫丝布步障,石崇便做五十里的锦步障。王恺是晋武帝的舅父,他把晋武帝赐的一株二尺高的珊瑚拿到石崇面前炫耀,不料石崇挥起铁如意将它打得粉碎,然后说:"不要生气,我赔你。"于是让人取来自己的珊瑚树,其中高三四尺的就有六七株,和王恺那株差不多的就更多了。结果弄得王恺很没面子。

其实攀比到处都是。偏远地区的农牧民过节时会比各自的盛装和饰品,城市里的人则比车、比房、比气派。我可以理解,比赢了的人会感觉比较痛快。不过我还是觉得,比富不如比德。

儒教和佛教的修行人,有些为了专注于道德提升,会把物欲降到最低。

颜回就是最好的例子。一般人觉得,颜回每天用竹筒吃饭,用瓢喝水,住在简陋的巷子里,都为他难过。然而人们不知道,颜回是乐在其中。所以,颜回死时,孔子赞叹道:"贤哉,回也!一箪食,一瓢饮,在陋巷,人不堪其忧,回也不改其乐。"

颜回是真正安贫乐道的人。

慧林禅师一双鞋子穿二十年，通慧禅师不论冬夏就一套衣服，他们为什么能做到这样？道理很简单：当你把全部精神投注在道德修行上时，物欲就成了累赘。

当然，对今天的我们来讲，极端摒弃物欲是一般人接受不了的。但我们也要反省，现代社会中那种极端追求物欲、摒弃道德的行为，就值得提倡吗？

古人讲八德——孝悌忠信礼义廉耻，想一想，如果我们能在这八德上多比一比，将会省去多少因为物质攀比所带来的痛苦、焦虑和失落，甚至罪恶？

俭是一种美德

在古人看重的众多道德风范中，有一项既可持身又可富家的美德，就是俭。现代人受大环境影响，崇尚奢华，这个我理解。但有些小学、中学课程也教导孩子享受物欲，这就让人费解了。

古人说："由俭入奢易，由奢入俭难。"从小过惯简朴生活的人，以后过丰衣足食的日子容易，但如果从小过的日子太奢侈，处处有人伺候，到了中年晚年，一旦失去这种福分，过勤俭日子就难了。所以，让孩子从小吃点苦，培养起一种能够经得起波折的心态，是有益的。

其实，勤俭生活并不缺乏快乐。我经常想起刚出家时那段日子。那时候，我住在草坯房里，吃的简单，穿的简单，但求学的热情和修行的快乐非常强，至今都非常怀念。虽然现在的我也不会像世人那样贪恋财富和地位，患得患失，但依然觉得那种简单的生活是最美好的。

而且，简朴有时更能衬托内在的庄严。

爱因斯坦年轻时，有一次参加同学的生日宴会，还是穿着平时的衣服。

同学嘲笑他说："你父亲的生意是不是不顺利？"

他回答说："父亲的生意是有些不顺，但也不至于买不起一件衣服。"

另一位同学哈哈大笑："既然买得起，何不买一件，打扮得体面一点？"

爱因斯坦很严肃地说道："我认为作为青少年，不能只知向社会索取，而应该思考怎样为社会作贡献。"

爱因斯坦这个故事告诉我们，奉献是成就的来源。

佛教认为，所有失败和痛苦，都是为自己考虑的心导致的。无始以来，没有一个东西比这颗自私的心态对我们伤害更多；而所有成功和快乐，都是为他人考虑的心带来的，世间和出世间最伟大的成就，必定建立在不希求任何回馈、全然利他的无私奉献上。

所以，有智慧的人，不管是佛教徒还是非佛教徒，都应该仔细思考这个道理，同时默默发愿：如果能为一个众生带来哪怕一点点利益，也要尽心尽力付出。

闻过怒　闻誉乐
损友来　益友却

如果听到有人说自己的过失就愤怒，听到赞叹就欢喜，那么渐渐地，损友恶友就会靠近你，益友善友则会远离你。

先说说什么是损友益友。

《论语》中说："友便辟、友善柔、友便佞。"友便辟，指逢迎谄媚的朋友；友善柔，指表面和善内心却不善的朋友；友便佞，指善于花言巧语的朋友。这是三种损友。

《论语》中又说："友直、友谅、友多闻。"友直，指正直的朋友，真诚坦荡，值得信赖；友谅，指诚实守信的朋友；友多闻，指广闻博学的朋友。这是三种益友。

我们当然会重视朋友的素质，但能交到什么样的朋友，关键还是看自己。你只听得进赞叹、听不得批评和规劝，就不要怪那些益友会离开你了。

美女来了，孔子走了

孔子在鲁国做大司寇时，用三个月时间，将鲁国治理成了一个太平盛世。当时的说法是："路不拾遗，夜不闭户，枪刀入库，马放南山。"路上丢的东西没人捡，晚上睡觉不需要关门；刀枪收入仓库，战马放养南山。也就是说，那段时间，人和人之间不需要设防，国家也和平安定。

鲁国的和谐景象，让相邻的齐国害怕了。为防止鲁国继续强大下去，齐国训练了一班擅长歌舞的美女献给鲁国。结果，鲁国君王被迷住了，一天到晚沉溺于酒色歌舞，甚至三日不上朝，众臣的进谏也不接纳。

看到这种情形，孔子知道，自己在鲁国已不可能有什么作为，于是辞去官位，开始了周游列国的教育之旅。

从这一公案我们看到，不接受劝谏，就不能赢得正人君子的鼎力协助。在一个国家，君王不听大臣的劝谏，就像在一个企业，上者不听下者的建议，一听到有人说自己的过失就生气，甚至排挤、打压提建议的人，那这个团队就很难有大的前途。所以，即使你有自己的智慧和观察，也不要给人留下"闻过怒，闻誉乐"的印象。

我们应该相信，如果对方不是出于好心，是不会冒着得罪你的风险指出你过失的。既然肯说，就说明在意你，一定经过了权衡，同时也希望你看到并改正自己的问题。所以，要领受对方的好意。如果你能做到，也可以像阿底峡尊者一样，把对方当成最大的益友和善知识。

当然，由于我执的原因，我们听到别人指出自己的过失，难免会感觉不舒服。就像我，听到有人说"你这样说不对""你这样做不好"的时候，心里先是有点不舒服，但同时也会观察自己：我是不是真有这些过失？如果是，那我又会想："哦，幸亏他指出来，不然我还不知道呢。"

其实想想，像阿底峡尊者那样的大圣者都要接受别人的批评，改正过失，那我们这些地地道道的凡夫，怎么会没有过失呢？肯定很多很多。关键在于，我们能不能看到，或者别人说了，我们能不能改。

淡定

当然，如果不是善意规劝，而是恶意毁谤，那我们也不必因此生起坏情绪，受到干扰。

我们可以思考：如果我是狮子，他说我是狗，那我不可能因为他的一句话就变成狗,所以不必难过。相反,听到赞叹也要反省:如果我是狗,他说我是狮子,那我就变成狮子了?不可能,所以也不必欢喜。

固执的人只会坚持自己的想法,而理智的人却总是随顺客观真理,或智者们认同的道德。

萨迦班智达说过:"不因赞称而高兴,不因辱骂而忧伤,善持自之功德者,此乃正士之法相。"正直而有智慧的人是什么样子?尊者告诉我们:他不会因为别人的称扬和赞叹而得意,也不会因为受到辱骂或挖苦而难过,他知道自己的所作所为符合正理和道德,他会继续自己的修行。

寂天菩萨也说:"若有人毁我,赞誉何足喜?若有人赞我,讥毁何足忧?"这也是在教我们平衡心态:如果有人诋毁我,说明我还是有过失,那些赞叹有什么值得欢喜的呢?如果有人赞叹我,说明我还是有功德,那些讥毁有什么值得忧愁的呢?

这种窍诀很管用。如果真的会用,心就淡定了。

再进一步,你可以像《窍诀宝藏论》所讲的那样,了知赞誉和毁谤不过是一种无害的言语,进而认清它犹如空谷回音一般,了无实质。

闻誉恐 闻过欣
直谅士 渐相亲

如果听到赞叹感到惶恐,听到有人说自己过失感到欣喜,

那些正直、心胸宽广的人就会渐渐亲近你。

和过失一样,在赞誉面前,也很能体现一个人的涵养。有人一听赞叹就陶醉:"是是是,我就是这么了不起。"甚至到处自我宣扬:"我有神通,知道你们在想什么,我如何如何……"麦彭仁波切说,自己赞叹自己,即使是帝释天王,也不庄严。

不过有例外。有些大德为了摄受众生,会在大众当中显示神变,或直接讲述自己的功德,但这不是自我炫耀,是有特殊必要的。除了这种情况外,最好不要自我赞叹,听到赞叹也要善于把持。我看到有些大德在赞誉面前会显得不自在,赶紧转移话题,但他的德行会越发表露出来。

人以群分

唐朝有一位著名的大臣叫宋璟,为人刚正不阿,而且擅长为国家举贤任能。一天,有人推荐了一篇文章,他一边读一边赞叹。文章确实是好文章,思路文笔都好,他起了重用之心。但读着读着,他发现作者有很强的谄媚用意,在巴结自己,这让他很不舒服。于是对来人说:"此人文章不错,但品行不端,不能起用。"

也许有人想,如果不是宋璟,那人就被提拔了吧。但不管对方是谁,从过去和现在的经验来看,像这种阿谀奉承的人,有没有正直的人格,很难说;要是真被提拔,将来对社会有没有利益,就更难说了。

所以我认为,今天我们看做官的人,还是要看人格,因为人格的厚度,远远不是一张文凭所能承载得了的。

如果他人品好,像宋璟那样,有人赞叹也不为所动,那么他对国家和社会是有利的。即使是普通人，只要人格好，不管走到哪里，不出一个月就会被大家接受。当然，喜欢他的人，应该是品行和他差不多的，其他人就不一定了。

《易经》中说："同声相应，同气相求。"同样的声音能产生共鸣，同样的气会相互融合。现实中，智者总是和智者聚在一起，愚者总是和愚者聚在一起，应该就是这个道理，所谓"物以类聚，人以群分"。

把《弟子规》这两颂引申一下，就会知道，我们自身的人品和道德追求，会自然地把我们引入一种类似环境里：向善的人喜欢向善的人，大家一起交流善法；坏人喜欢坏人，一起商量怎么干坏事；爱闻思、守戒律的出家人，也找见行一致的道友辩论佛法、探讨利他；当然，懈怠、不爱闻思、爱讲是非的人，也有共同语言。

总之，只要彼此差不多，就有共处之乐。

无心非 名为错
有心非 名为恶

无意中犯的过失，叫错；有意犯下的过失，叫恶。

这里用有心无心区分严重的罪恶和一般的过错，是很有道理的。有人因为智慧不够，事情没有做好，或者因为性子比较急，说话伤了别人，"我不是故意的，我太笨了，我太急了……"，这种情况是错,不是恶。但如果明知故犯,就是恶了。比如,你明明知道这样会犯戒,却怀着轻忽的心故意触犯,那这个果报非常严重。

佛教最讲究心的力量,一个人常怀善心,自然功德无量;一个人常怀恶意,也是过失无边。所以,我们在善恶问题上,最好从心上检点,对因果常怀敬畏。

讲法者的因果

尤其是讲法者,如果自己理解有偏差,不是故意蒙人,讲错了过失不大。但如果明明不懂,却望文生义随便乱讲,过失就大了。比如,《普贤行愿品》"二乘有学及无学"里的有学无学,本意是指有学道、无学道,某位法师不懂,但为了面子,说"有学是有学问的人,无学是没有学问的人,我们要随喜他们的一切功德",这样就不对了。

讲经说法一定要有依据,理论的或实证的,不能只是凭分别念"我觉得如何如何",那样是很可怕的。

从前有一次,百丈禅师传法圆满,大众都退去了,唯独一位老者还站在那儿没有离开。

禅师问:"前面站立的是什么人?"

老者说:"我不是人,是一只野狐,过去迦叶佛时曾在这座山上修行。当时有学人问我:'大修行人还落因果吗?'我回答说:'不落因果。'因为这一句话答错了,后来在五百世当中转成狐狸,一直无法脱身。"

老者接着说:"我今天来,就是想请禅师慈悲开示,代我解答一下这个问题,希望我以此摆脱野狐之身。"

禅师默许。

老者合掌请问："大修行人还落因果吗？"

百丈禅师答道："不昧因果。"

大修行人就是指开悟者，了达实相的人，这种人也一样要感受因果，但和一般人不同的是，他们已经明确知道因果丝毫不爽、绝对不虚，所以更会谨慎取舍。

听了禅师的开示，老者当下开悟，礼拜后告辞。第二天，百丈禅师带着僧众来到后山的岩洞，用手杖挑出一具野狐的尸体，然后按照去世僧人的礼节火葬了。

由此可见，一个字讲错讲对，也会导致流转和解脱的不同后果。所以，作为讲法者，一定要深入了解佛法。

过能改 归于无
倘掩饰 增一辜

犯了过失，如果能够忏悔、改正，那么过失就会减少甚至消失；但如果掩饰它，就会再增加一个过失。

"人非圣贤，孰能无过"，一般的人非圣非贤，怎么能没有过失呢？但是"过而能改，善莫大焉"，有了过失能够改正，没有比这更大的善行了。佛经里也说，过失并无功德，然而通过忏悔能令清净，是它的功德。

相反，一个人有了过失，不但不改，还用种种理由掩饰它，就是错上加错了。不是君子所为。《论语》中说:"小人之过也,必文。"小人犯了错一定会掩饰的。

知错能改是一种好品质,但要做到颜回那样"不二过"——不重复犯同样或类似的错误,确实不容易。

有的人犯了错,是这样请求宽恕的:"我错了,我改,您再给我一次机会,我绝不再犯,再犯我不是人。"

第二次又犯了,"您再给我一次机会吧……"

忏悔

修行不仅是增善,更重要的进步在于改过,乃至断恶。一个真正的修行人,有了过失以后,一定有勇气忏悔,会在佛菩萨面前不覆不藏地说出来,然后改过自新。

我很欣赏这种磊落的为人和修行态度。

忏悔和改过是相通的,最圆满的忏悔包括真诚的认错、立誓不犯、有力的对境(比如金刚萨埵),以及念诵忏悔文或心咒。许多修行经验证明,通过这四种对治力修行忏悔,将过失与罪业洗涤干净以后,人的身心会变得轻松愉悦,并时时保持一种善心状态。

善心对身体有益,这一点从日本江本胜博士对水做的实验中可以清晰地看到。他发现,善良、感谢、神圣等美好讯息,会让水结晶展现出美妙的图案;而怨恨、痛苦、焦躁等不良讯息,则会让结晶呈现散裂而丑陋的样子。

我们知道,人的体内大部分是水,如果心对水有这么大影响,那么我们改过迁善,也就等于在改良细胞,构建真正的健康。因而,长寿也就不足为奇了。

还有什么药物能带来比这更深刻和全面的治疗？

当然，更重要的是，善心是平静和快乐的，这个你完全可以感觉得到，不用实验说明。当你通过不断改造，积累了相当的善心善念后，就可以修习禅定了。在你修习禅定的过程中，如果同时也能了解无我空性，自然就能化解痛苦、焦虑、嗔恨和贪婪，进而生起一种满足感。

由满足感带来的平静，是非常有益的。没有它，即使把李嘉诚和比尔·盖茨的所有财产都给你，你也依然是痛苦的；即使把世间所有的名声、地位、荣誉都给你，你也依然是痛苦的。

原因很简单——就算拥有了这些，你依然会想要更多。

而一旦有了这份伴随智慧的满足感，你将看到，原来外在的所有这一切——那些你曾经强烈想要得到的一切，都是虚幻的。

泛爱众

凡是人 皆须爱
天同覆 地同载

只要是人，我们都应该关心和爱护，因为我们被同一片蓝天所覆盖，被同一块大地所承载。

这一宽广的仁爱理念是儒教思想的精华，它不仅告诉我们，应该不分种族国家、不论贫富贵贱地爱一切人，同时还指出理由：天同覆，地同载。

古人认为，在这个宽广而厚重的背景下生活的每一个人，原本就是一家人，不应该互相争吵、征战和杀戮，而应和睦相处。然而，在大家都呼唤和平，希望构建一个彼此关爱、平等、和谐社会的同时，还是有人迷恋一些极端思想，为了本国、本民族的利益，不惜用暴力进行排他活动，直到今天也是如此。

我们想想，上个世纪，希特勒屠杀近六百万犹太人，种族歧视在人类之间制造了那么多敌对的裂痕，这些还不够吗？大家都是人，这是我们共同的地球村，我们怎么就容不下别人也一样在这个天地间生存呢？

在对比过各种思想及其后果之后，我由衷地相信，儒教的仁爱、博爱理念对今天的人类是有帮助的，不应该被忽视。

凡众生，皆须爱

不过，如果我们爱人类的理由，是共同生活在同一片蓝天下、同一块大地上，那么，根据同样的理由，"凡众生，皆须爱"，我们也应该爱一切众生。

我们爱众生，除了"天同覆，地同载"的原因之外，更重要的是，凡是生命都有感受，而且感受是一样的。诚如寂天菩萨所说："避苦求乐同，护他如护己。"在世界上生存的每一个众生，都想避开身心的痛苦，都想获得安乐，这一点是相同的，无一例外。所以，我们应该像爱护自己一样，爱护其他的人、其他的众生。

有一位国学教育专家说，他最欣赏《弟子规》里的这个颂词，因为他觉得这个颂词代表了儒学的精华，其要义甚至可以与基督教和佛教文化相媲美。

我也很赞同这一观点。爱的理念，的确是这些古老智慧共同的思想基础；然而说到爱的广度，基督教和儒教的爱可能关心的只是人类，而佛教的爱却涉及一切的生命群体。

如果我们认同"己所不欲，勿施于人"是所有的爱得以展开的基础，那么我希望大家再向前迈一步，走进佛教的认识——己所不欲，勿施于众生。

当然，对大多数人来讲，先不说爱众生，单单对人类的爱也有局限。我们知道要爱自己国家的人，不能杀人，杀人要偿命、判刑，却奖励、表彰杀敌人。同样是人，我们却采取截然相反的两种态度。然而"泛爱众"的理念告诉我们，不是凡自己国家的人皆须爱，也不是凡自己民族的人皆须爱，更不是凡自己家里的人皆须爱,而是"凡是人,皆须爱"。

是一切人,不是某一部分的人。

相比之下,在佛教深刻、宽广的慈悲理念教育下,一个真正的佛教修行者,确实能做到对人不分亲怨,甚至对生命不分贵贱,对所有众生平等爱护。我们从佛陀传记中看到,佛陀在因地修行时曾经舍身饲虎,曾经为一只鸽子布施身肉,曾经为某某众生献出头目脑髓……这些行为之所以让我们感到震撼,并诚心追随,就是因为佛陀所做的一切,完完全全体现了这种慈悲理念。

这种慈悲有一种不可思议的力量,即使修行不是特别好的人,因为有慈悲心,也能展现出人性的光辉。

1994年,我们佛学院附近曲恰堪布的一个弟子得了重病,在成都住院。这是个出家人,平时很调皮,行为也不太如法。经诊断后,医生建议器官移植,否则只有死路一条。他的父亲和哥哥找来一只狗,准备杀掉它,取出同样的器官为他换上。医生完全同意。

这时那个出家人知道了,他说:"你们不要杀它,我不想用它的命换我的命。"家人不听,正要杀的时候,他坚决地说:"如果狗死了,我就自杀!"他的强硬态度让亲人放下了手中的刀,把狗放生了。

然而放生之后,奇迹般地,他的病不治而愈。

这是一个真实的故事。

这是一种大爱。这种爱的前提是不伤害,是平等、不分亲疏地爱一切众生。为什么一个普通出家人会有这种爱心呢?我想,一定是在大乘佛法的气氛中熏习久了,爱沉淀到内心的每个角落,这样不论他来到任何地方,来到任何人或动物身边,都会给对方带去一种安全感。他已经不会为了自己而伤害任何众生了。

"凡众生，皆须爱"，这是佛教的慈悲理念。

我们有必要再来思考一下那个激发大爱的理由：我们和众生有着一样的感受，我会痛苦，众生也会痛苦；我会快乐，众生也会快乐。每个众生对自我都有执著，这是一定的，正因这种执著，我们所感受到的苦乐是一样的，我们想避开痛苦、寻求快乐的心是一样的。想想看，有人帮我遣除痛苦，我是什么心情？有人帮我达成所愿，我是什么心情？

所以，作为大乘修行人，即使是一只小小的蚂蚁，也应该爱护。蚂蚁跑来跑去为了什么？还不是避苦求乐。

想成就大爱并不容易，需要反复修行。但一个人就算不认同这种平等和慈悲理念，也很难完全否定它，除非你感受不到苦乐，不懂什么叫爱。只要你推己及人、及众生，慈悲心自然被激发起来。有了慈悲心，我们就会爱人、爱虫鱼鸟兽，爱这块大地上的一切生命，我们不会污染大海湖泊，不会破坏山川及草木森林，而是会保护这一切。

所以，如果有学者愿意研究的话，我觉得，佛教的慈悲理念，是最好的环境保护和动物保护的宣言。

行高者　名自高
人所重　非貌高

品行涵养高尚的人，名声自然会高，因为人们真正看重的

是内在的道德，而不是外在的相貌。

世间有一种规律，一个有德之人，不用特意大肆宣传，名声不宣自扬，传播得很广。

我们看看历史就知道，许多名人因为建立卓著功业而广为人知，许多高僧大德因为证悟相当的境界而受人景仰，甚至连他们多少代的家族子弟、门生或传承弟子，也都一直受到恭敬。这就是德行的力量。

相反，如果没有德行，就像现在的有些人，即使因为相貌或一技之长爆得大名，也会很快销声匿迹，淡出人们的视野。因为外面的形象再好，也无法赢得人们真实而长久的敬意，最多是一时喜爱而已。很多追过星的人知道，追星时，为了看到他或她，可以付出一切时间、精力和财富，但那个劲儿过了也就过了，没热情了。

所以，我奉劝大家不要求虚名，不论在家人出家人，最重要的是完善人格。已经有名声的，更要加强道德修养。

当然，我也见过一些相当有名的人，他们不仅在公众面前形象完美，背后也纯洁自律，热衷慈善，很让人钦佩。

不要看错人

龙猛菩萨说："族貌闻虽具全士，然离慧戒非受敬，何人具有此二德，彼无他德亦应供。"一个人就算降生在高贵家族、相貌端严、广闻博学，好像样样具足，但如果没有辨别正理非理的智慧，以及守护自身纯洁与高尚的戒律，就不应该受到恭敬。相反，只要具足戒律和智慧，哪怕不具足其他任何功德，也值得恭敬和供养。

戒律就是行为操守。对修行人，佛陀规定了四条最根本的戒律：不杀生、不偷盗、不邪淫、不妄语。

不杀生，就是不杀人，乃至不杀天底下的一切众生。生命对每一个众生来讲都是最宝贵的，所以佛教认为，我们不杀生，以及护生爱生，是最大的慈悲，是首善。

不偷盗，就是不以非法手段将他人、企业或国家的财物据为己有。放到我们的世间生活里，可以说，这是最好的保证公正、秩序和廉洁的自律手段。

不邪淫，就是除了自己的合法配偶以外，不与其他人进行性行为。这是保证家庭和睦，不破坏他人家庭。

不妄语，就是不会为了某种利益，把有的说成没有，把没有的说成有。比如，明明这个东西没有这个功能，却说有；明明自己没有证得某种功德，却说证得了，以此欺骗或诱惑他人，就是妄语。

这四条做到了，也就有了基本德行。

不过光有德行不够，还要有分辨是非、懂得取舍的智慧。光有德没有慧的人，做起事来要么出错、要么惹祸，即使谁都知道他人品不错，但还是不敢放心把事情交给他。而另一种人现在为数不少，就是光有慧没有德，虽然能干，但功利心太强，了解的人甚至都不敢信赖他。

所以，最好像龙猛菩萨说的，既有德又有慧。如果你幸运地遇到这种人，不管是成家、共事，或是追随他学习知识或修行佛法，我相信，你都没有看错人。

还记得晏子车夫的故事吧。这位车夫总是趾高气扬，有一次，他那股得意劲儿被妻子看到了，回到家里，妻子说："你看看我们宰相，人家那么大的官儿，却那么谦卑有礼，再看看你……我真是看错人了！"

"我看错人了"，可能这是汉地自古就有的吵架用语，极为尖锐。藏地很少这么说，说了也不重，但据说在汉地是很重的。所以妻子一说完，车夫立即改过了。

我们之所以会看错人，也许是起初太看重相貌，也许是没怎么注意操守和德行。看错的人，固然有些难过，但重要的是，我们不要成为那个被看错的人。

最近我看了一个读经班的视频，从头到尾看了一遍。里面的孩子们孝顺父母、恭敬老师，鞠躬行礼甚至磕头，还放生、用转经轮……每一样都做得有板有眼。非常好，小时候学的东西，一辈子都不容易忘。

我看很多孩子都能背《弟子规》。其实不仅是小学生，中学生、大学生也应该背。我们知道，人格培养这门功课是一生都要学习和实践的，小时候没机会，长大了补上很重要。这时候学也有个好处，一学就会，而且可以运用到实际中去，形成价值观。否则，如果从小到大都没有这种概念，一旦进入社会，恐怕很长时间都会有格格不入的感觉。

世间有句话："人在江湖，身不由己。"社会的确是个江湖，但能不能由己，也看你道德的根扎得深不深、稳不稳。如果这个根又深又稳，那么不管是在家庭中还是工作中，也许一开始别人看不出什么，但日子久了就会发现，他们没有看错人。

才大者 望自大
人所服 非言大

才华与智慧高的人,名望自然就大,因为人们信服的是智者的才干和贡献,而不是空谈者的大话。

说大话有什么用呢?说起话来头头是道,做起事来可怜兮兮,没有意义。做出来了,说不说都可以。

上一颂讲的是德行,这一颂讲才干或智慧。

通常来说,除了生而知之的天才,一般人学知识都要付出努力。修行人学习解脱和利他的知识也一样,必须苦行。当你克服一切困难、不屈不挠完成一定的修行,有了德行,也成就了智慧,自然会赢得恭敬和威望。

智者不愁无弟子

《格言宝藏论》中说:"设若具有真知识,众人自然会集聚,犹如香花虽远方,蜜蜂环绕如云集。"

一个真正有知识的人,人们自然会集聚在他的身边,就像一朵散发芬芳的鲜花,即使开在远方,也一样会引来成群的蜜蜂旋绕往复。

就像我们的五明佛学院,当初法王如意宝创建它的时候,从未邀请或招过哪个弟子,但弟子们自然就来了,而且一天比一天多。国内外很多大德以及世间智者也是一样，他们在哪儿，众人就会去哪儿。

这就是所谓的"桃李不言，下自成蹊"，只要你结出桃李般的智慧果实，不用到处呼喊"我在这里，到我这儿来"，树下自然会出现一条求知的路。

智者是不愁没有弟子的，即使在山坡上搭个帐篷，也一样可以聚来成千上万的追随者。相反，没有一定的修行和愿力，建再大的寺院，天天喊"好弟子，过来啊"，也很困难，人们不但不过来，反而会躲得远远的。

所以，与其花力气找弟子，不如先完善自己，积累好将来弘扬佛法、利益众生的充足资粮。

有个道友来佛学院出家，刚一出家就要走，说是回去弘法。我劝他说："先学几年嘛，不着急。"

"不行不行，"他很有信心地说，"出家不是要度众生吗？既然我出家了，就要回家乡建寺院、弘法利生。您不知道，我的志向可大啦，我发了很多很多大愿……"

发大愿是对的，但是，正因为发了大愿，才要闻思和修行，这样才能实现你的大愿。除非你是圣者再来，像禅宗、大圆满历史上都有这样的大德，他们带着前世的愿力、随着这一世的因缘，来到上师面前，上师一指点，开悟了。一开悟，弘法利生很容易。如果不是这种情况，我劝大家还是多学一些佛理，多修一修。

那到什么时候就可以了呢？我想，至少得有个比较稳固的境界。比如，等你修习出离心、菩提心、无二慧到了一种不被散乱所夺、不太受干扰的状态，即使走进人群随顺大家说笑吃喝，也不会动摇、不受染污，就差不多了。至少得有这种境界。那时候，不论你是弘法、闭关还是做什么事情，都会有一种自主的能力。否则，外面的世界乱，我们的心又不定，开头那点愿力如同写在纸上的毛笔字，水一冲就模糊了，消失了。

当然，要走的我们也留不住，但对大多数人来讲，只要你进入的是正规道场，我都建议你长期待下去。这样道心不容易退，耳濡目染久了，也会生起稳定的见解，获得稳固的境界。有了这种境界，一方面可以自保，一方面也的确可以做一些弘法利生的事情。因为人们看重的是德行和智慧，而不是口才，更不是大话。

重要的是才干

据《史记》记载，赵括是赵国名将赵奢的儿子，自幼熟读兵书，一说起用兵打仗，无人能及，就连他父亲也辩论不过他。但赵奢早就看出儿子的问题，说他把用兵看得太简单，不适合做将军。然而赵括还是做了将军，结果在与秦军作战时，自己被射死，四十万士兵被活埋。

这就是"纸上谈兵"的故事。就像现在的有些人，在领导面前谈理想、谈方案，谈的时候大家都觉得他可以，但一做起事来就不行了。所以，领导看人还是要看实践能力，只会说不会干的不能重用。如果重用这种人，不仅误事，还会误导大家做表面文章。

有一次，汉文帝刘恒到上林苑看老虎，张释之在旁陪伴。文帝提了几个关于动物的问题，上林尉答不上来，结果看虎圈的啬夫帮他答了，答得很周全。文帝很满意，觉得上林尉不称职，下令张释之任命啬夫顶替上林尉。

这时候,张释之提起当时两位不善言谈的长者,又提到秦国重用善辩谋士最终导致亡国的事实,然后建议文帝,不要提拔这个太过伶俐的啬夫,以免后人效仿,只知道耍嘴皮子,不干实事。文帝点点头,采纳了。

所以,重要的是才干,不是语言。

在佛教界也是如此。就我了解的而言,很多有相当境界的法师说话都非常谨慎,他们总是本着对佛教的珍视、对众生的爱护,试图将每一句话都说得准确而恰到好处,以此利益那些相信他的人。相反,有些什么境界都没有的人,为了吸引徒众,到处宣扬"我见到什么什么,我梦到什么什么……",实际上他可能连因果都不信。

熟悉佛法的人知道,所谓的神通并不是佛教的重点,而且,就算你真有境界,多数时候也是不能说的。所以,我建议那些真正想要引领众生走向解脱的上师们,尽量多给人们讲佛教的道理,这才是重点,对人们的今生来世都有利。

当然,另一方面,对那些真想修行的人,我也建议你们在寻找上师的时候,先观察,再依止。要真正了解一个人是很难的,不妨多观察一段时间。大家知道,世人为了生意合作,也会先去了解对方的背景、资产甚至性格,没有人在飞机上初次见面,下了飞机就签合同的。

所以,找上师一定要谨慎,不要着急依止。

然而现在有一种现象,有人听说来了一位上师,"是位上师吗?"

"是上师。"

"那我去依止。"

一见到上师:"您给我灌顶吧。"

"好好好,我给你灌顶,给你取法名……"

"那我就是您的弟子,您就是我的根本上师了。"

"对对对。"

这种依止方式太快了。很多经验证明,这样的结果不一定好。因为依止不是交易。如果是交易,没合作好,也许会导致一些经济损失;但如果师徒关系没建立好,那就不仅影响今生,可能也会影响来世乃至生生世世的求法缘起。所以,依止上师一定要谨慎。

己有能 勿自私

自己所拥有的才华和技能,不要都占为己有。

能力可以为自己带来很多东西,所以一般人不愿意公开或传给别人,只想独自拥有。但从长远角度看,在适当的时候传给适当的人,是你对它最好的拥有。而且,如果你能适当地运用这种能力,从保护自己和家人转变为利益其他众生,那么,你就是在实践大乘佛教的利他修行。

利他不仅是高尚的,而且当你的心对众生开放,为众生付出时,会感动守护善法的天神,得到庇护;同时还会自然形成一种缘起,无须刻意付出太多努力,很顺利就能成办自己的利益。

利他就是利己

修行并不是不讲自利,相反,佛教认为,真正的自利是在利他中完成的。所以,利他就是利己。

利他心特别强的人,一般人在旁边看着,会有些不理解:为什么这个人只有众生的事,没有自己的事?为什么他把众生的事当自己的事,自己的事却自然成办?

其实道理很简单,上师如意宝讲《胜利道歌》时讲过:当你生火的时候,就只管生火,灰烬自己会出来的。

深谙利他修行的人不会想:我要利益自己,所以要帮助别人。他知道规律就是这样的。但刚开始学习利他的人可以这么想。当你一点点去掉自利心,成就利他宏愿并付诸实践时,会发现:以前担心吃穿住,却总是得不到;现在不考虑这些,反而什么都不愁。

所以,我经常建议那些有能力的人,你是领导,不必为升迁考虑,不必为家人亲戚考虑,也不必太在意那些敌对面,而要运用你的位置和能力,为你服务的这一方人民考虑。如果你这么做了,自己也会获得利益,不仅比你想象的多,而且无害。

如果你是商人,在让自己和家人过上好日子的同时,也应该多帮助那些饥饿的、可怜的、没有前途的人,为他们建个学校、做点慈善。这样你的钱就有价值了。

不用存多余的钱,要存就存善行。钱存多了,无常一到,一分一毫带不走;但善行存多了,今生来世的快乐,没有人能夺走。

人所能 勿轻訾

见到别人有才华和能力，不要嫉妒和诽谤。

战国末期，李斯和韩非本是一对好朋友。李斯做了秦王的宰相，韩非默默无闻。后来，韩非写就《韩非子》一书，得到秦王赏识。为了见到韩非，秦王下令攻打韩国，无奈之下，韩王派韩非出使秦国。

秦王见到韩非很高兴，但还不信任他，没有重用。后来韩非上书劝秦王先伐赵、缓伐韩，李斯借机诋毁说："韩非是为韩国考虑，不是为秦，这也是人之常情。但今天大王不用他，留着等日后送回去，这是自留祸患。"秦王很认可这一说法，于是将韩非关进监狱。

这时候，李斯派人给韩非送去毒药，让他自杀。韩非想见秦王，表白自己的心迹，但见不到，只好自尽。后来秦王后悔了，但韩非已死。

这就是嫉贤妒能，历史上比比皆是。

凡夫即使出家修行，一时间也难以完全消除嫉妒心，但要对治。对治的方法，一方面要考虑到自己是出家人，为僧团和合着想，不能说是非。"若要佛教兴，除非僧赞僧"，这句话很好。另一方面，就是要加强人格修养，我这次讲《弟子规》，也是这个用意。

和《弟子规》等儒教论典一样，藏地也有很多人格规范方面的论典，这些论典作为藏传佛教修行人自我建设以及利益普通民众的重要部分，在藏地有着广泛的认同度。以前上师如意宝讲《君规教言论》时，就经常讲一些过去在藏地王公大臣以及老百姓中间发生的故事，非常精彩。

我经常想，这些在古今中外发生的故事，都说明一个道理：善恶对错不是强加的，公道自在人心。

所以，如果我们从古老的智慧中获取借鉴，大了不说，就是在今天的社会里，也一定能变成一个好人。

勿谄富 勿骄贫

不要对富人谄媚，不要对穷人骄慢。

《朱子治家》中说："见富贵而生谗容者，最可耻；遇贫穷而作骄态者，贱莫甚。"看见富贵的人，便做出巴结讨好的样子，是最可耻的；遇着贫穷的人，就摆出骄傲的姿态，是最卑贱不过的。

孟子也说："富贵不能淫，贫贱不能移，威武不能屈，此之谓大丈夫。"高官厚禄收买不了，贫穷困苦折磨不了，强暴武力威胁不了，什么时候都有一种志气，不改本色，这就是真正的大丈夫。

《论语》中更有一段深刻的话——"子贡曰：'贫而无谄，

富而无骄,何如?'"虽然贫穷,但不谄媚,虽然富贵,但不骄慢,这样的人,老师您觉得怎么样?

子曰:"可也,未若贫而乐,富而好礼者也。"不错了,但还不如那种安贫乐道、富贵却仍谦卑有礼的人。

勿厌故 勿喜新

不要厌弃老友和旧交,不要只喜爱新的朋友。

杜甫有一首诗叫《佳人》,描写的是一位身世飘零的女子,在丈夫娶了新的女人之后受到冷遇的状态。诗中有一句"但见新人笑,那闻旧人哭",很耐人寻味。

现在不少人以为,喜新厌旧的例子多的是,尤其是有钱之后,很正常。但是,很多人做,不一定就是对的。

东汉初年,光武帝刘秀有一位近臣叫宋弘,他不仅为东汉立有大功,而且人品和相貌都很好。刘秀的姐姐湖阳公主新寡,有一天,姐弟俩共议朝臣时,湖阳公主说:"宋公威容德器,群臣莫及。"

刘秀知道姐姐有意,于是召见宋弘,请姐姐坐在屏风后,自己试探宋弘:"谚言贵易交,富易妻,人情乎?"俗话说,人官位显贵了,就应该忘掉旧交;富了,就应该换掉原来的妻子,这是不是人之常情呢?

宋弘知道皇帝的意思,回答说:"臣闻贫贱之交不可忘,糟糠之妻不下堂。"

刘秀一听，对着屏风后说："此事不成。"

我们现在都想要社会和谐，但社会能不能和谐，主要看每一个家庭能否和谐，如果家庭不和谐，社会就很难和谐。这就像细胞和身体的关系，细胞健康，身体就健康，细胞出了问题，身体也会出问题。

所以，尽管喜新厌旧是比较容易出现的心态，但还是要调整。以前我讲《入菩萨行论》，有段时间一直在强调家庭和合的重要性，后来有些要离婚的不离了，还对我表示感谢。虽然有些意外，但我还是很欣慰。

我觉得教育就是这样，尤其是佛法的教育，只要你多少接受一些，就可以减少内心的痛苦，增加快乐。有人觉得喜新厌旧很快乐，但实际上，因为违背了道德，快乐只会是暂时的，愧疚才是长久的。

我希望世间人都能珍惜自己的家庭，每一个家人、亲戚或朋友都与我们有着特殊的因缘，应该格外尊重和爱护。我希望佛教徒也都珍惜自己的修行因缘，不要有了新的上师，就舍弃旧的上师，或者得到了新的法，就舍弃旧的法，这种做法是不对的。

人不闲 勿事搅
人不安 勿话扰

别人正在忙碌、没有空闲时，不要用事情打搅他；别人感觉不安、心绪烦乱时，不要说话打扰他。

现在大家都很忙，每个人都有很多事情要做，当你看到别人正在忙重大事情时，不要拿一些小事去分他的心。要会察言观色，看什么时候合适。比如修行人要禅修，门上明明写着"闭关勿扰"，就是怕人打扰，但有的人偏偏使劲敲门，这样就不对了，要为别人考虑。

如果你实在有事，可以先问一下："我想找你谈谈，有空吗？"如果对方同意，那就谈事，如果对方没空，那就另找时间。否则，对方正忙着，你就跑去闲聊，该说的不说，三岁到七十五岁的人生经历全部说一遍，谁受得了？谁有时间听这样的长篇小说？

此外，人都有烦躁不安的时候，不想闲聊，也不想听什么劝告，只想静一静。这时候安慰两句可以，不要说个没完没了，更不要把自己的想法强加给对方。否则，很可能让对方的心更乱，更痛苦，即使你说得有道理，对方也不会接受。

请记住法王如意宝临终时留下的那句教导——"莫舍己道，勿扰他心"。我们每一个人都有自己的道、自己的本分，这是何时何地都不能舍弃的；同时，我们也应该尊重他人的生活，不能扰乱、伤害别人的心。

有好心，还要有善巧

魏明帝是三国时代的一个君王，女儿死了，他非常悲伤，决定亲自送葬。这时大臣杨阜劝道："过去先王和太后去世时，您以国家为重，怕有不测，没有送丧，现在女儿死了为什么要送丧呢？"皇帝没有听。这个皇帝是很贤明的，只是这次太伤心，所以一意孤行。但杨阜是个直人，反复劝说，结果皇帝不高兴，把他赶走了。

所以，说话要有分寸。也许你的理是对的，但没有分寸的话，就算对方驳斥不了你，也不一定会接受。

让人接受是一种能力，很值得学。我们修行人讲法时，除了意义准确，表达清晰、诚恳之外，还要掌握好分寸，尤其对世间人讲法更是如此。世间人很聪明，他知道你讲的是佛法，但不会盲从，所以你的讲述要符合逻辑，不能有漏洞，这样才能说服他。世间人也很实际，如果你讲的东西贴近他的生活和认知习惯，他会有兴趣，也容易接受。

当然，讲的时候，话不能太多，也不能太少，要恰到好处、点到为止。该沉默的时候可以沉默，让对方思考思考；但不该沉默的时候，就把道理说透。

如果这些分寸能够拿捏好，讲的是佛法，又不违背世间规律，那对方很可能会渐渐皈依佛门。

有一点我要提醒，不要一上来就讲太深的法义。我们觉得好，是因为学了很长时间，可能也有体会，但一般人只会以世间的眼光看待。如果他听不懂，得不到益处，你的语言或态度万一又激怒了他，那说不定会让他生邪见，进而毁谤并远离佛教。

所以，我们不仅要有佛法，有好心，还要有善巧，这样才可以跟素不相识的人结上善缘，让他从不了解到感兴趣，再到欢喜接受，最终得到度化。

人格与空性

有人说:"我还是喜欢空性,人格教言太浅了。"

不过,就我学佛多年的经验看,人格教言虽然看似浅显,但学一句,与人交往时就会起到一分作用。如果这些东西从某人的言行举止中体现出来,我会推知,他的内在一定有相应的智慧和美德;有时我甚至相信,这个人是有修证的。

所以,《弟子规》里虽然没有讲空性,也不像《君规教言论》或《格言宝藏论》等藏地论典那样,同时讲一些前世后世、业因果的道理,但是,《弟子规》以整个儒教思想为背景,用最简洁的语句,将道德修养的基础和框架完整介绍出来,是非常难得的,很值得学。

学习这部论典,一般大众可以完善人格,学佛的人则可以同时将它转为解脱之因。阿赖耶识上熏下善的习气,总归是好的,对今世来世都好。因此,作为修行人,我们发起菩提心以后,就应该把一切善行摄入克己和利他的行持里——凡对众生有利的,就做;凡对众生有害的,就不做。这样就是在修行。

那这样做,和空性相违吗?

不相违。

了解佛法的人知道,空性和慈悲是互相启发的,一个人越了解空性,就越重视利他行为,这是规律。不了解的人以为,做人的道理浅,空性的道理深,因而不重视人格教育。然而事实上,忽视人格修养,一方面得不到利益,一方面也说明,其实并不是真正了解空性。

一个了解空性的人,是最关注世俗缘起的,而在关注个人成长和社会改良的过程中,也一定会发现,和所谓的新科学、新理念相比，传统美德才是今日社会的净化剂。简单平凡的文字里，好像没有什么新意，但却清晰指明了亘古不变的人性所应该遵循的道路。

这是不应该被忘掉的。忘掉这些，那我们的世界就只有一条路了——越来越丑陋。诚如麦彭仁波切在《君规教言论》里告诉我们的："依人言行装束等，推知未来贤劣事，是故皆不应违越，昔日优良之习俗。"

因此，传统虽然古老，但从人性的角度看，并不陈旧，也不过时。不了解空性的人，按传统去做，能够避免很多错误；了解空性的人，这么去做，也能获得很大利益。

人有短 切莫揭
人有私 切莫说

别人有什么短处或缺陷，千万不要给人揭出去；别人有什么隐私或秘密，千万不要给人说出去。

只有优点、没有缺点的人是不存在的，功德再高的人也有缺点。但一个心清净的人，只会看别人光明的一面，看到短处，也当自己看错了，不会给人揭出来。我觉得这是一种很好的修行。别人的短处什么时候都不能揭，"骂人不揭短"，就算发生口角，也不能揭短。短处往往是一个人的隐私，就算你知道一些，不论是哪个方面的，也不论是什么人的，都不能说。

《太上感应篇》里说:"不彰人短,不炫己长;遏恶扬善,推多取少。"做人应该有这样一些原则:不揭露他人的短处,不炫耀自己的长处;制止恶行,弘扬善行;分东西时把多的让给别人,自己取那份少的。

舌头是善恶之源

有这么一个故事:

一天,主人让仆人去市场买最好的东西,仆人去了,买回一条舌头。第二天,主人让仆人去买最坏的东西,仆人去了,买回的还是舌头。

主人问:"为什么都是舌头?"

仆人答:"舌头是善恶之源。它好起来,没有比它更好的;它坏起来,也没有比它更坏的。"

这位仆人告诉我们,能不能管住自己的舌头,是很重要的修行。管不住,很可能祸从口出,诚如憨山大师所说:"惹祸只因闲口舌,招愆多为狠心肠。"而管得住,则可以涵养性德,因为心是语言的前导。

《菜根谭》云:"不责人小过,不发人隐私,不念人旧恶,三者可以养德,亦可以远害。"意思是,不责备别人的小错,不揭发别人的隐私,不惦念以前的嫌隙,有了这三样修行,不仅可以培养德行,还可以远离祸害。

前不久,有个人说:"某某是好人,修行好。"

我问:"为什么?"

"因为我从来没有听他说过别人过失。"

我想了想,很认同,不说是非就是一种修行。爱说是非的人,已经形成了一种习惯，有时候自己都意识不到。前段时间我跟几个人聊天，有一个说着说着，就开始数落别人过失，另外一个人没办法，一边劝一边帮他忏悔："嗡班扎萨埵吽……你不说好不好！嗡班扎萨埵吽……你不说好不好！"

我们开始修行以后，就应该多观察自己的语言，尽量不说是非。《醒世歌》里说："休将自己心田昧，莫把他人过失扬。"我们不要蒙昧住自己的心田，也不要宣扬别人的过失。

我们想想，如果别人说我们的过失、缺陷或隐私，我们是什么感受？如果我们知道谁爱说是非，肯定会离得远远的："有什么事不要让他知道，他知道就糟糕了，明天全世界的人都会知道。但某某人知道没事，他很可靠。"人确实有可靠不可靠之分。不爱说是非的人可靠，会给你保密，不会给你造成伤害。

不过奇怪的是，不知是受什么教育影响，现在有的人以说人缺点为乐，还当成一种特长，以为有智慧。而更颠倒的是，有的人不认可善行，反而赞叹恶行，一说佛法就没兴趣，一说别人的过失就特别高兴。

我们真该用良心和智慧管好自己的舌头。印度哲学家白德巴说："能管住自己的舌头是最好的美德。"所以，我们要尽量用舌头修持善法，比如念经诵咒、劝人为善，这样功德会日渐增加，过失会日渐减少。否则，一边修善，一边造恶，善根就被消耗了。凡夫要积累善根是相当辛苦的，更不可能一下子成为圣者，需要长时间的努力。所以，我们要长期护持自己的身口意。

> 道人善 即是善
> 人知之 愈思勉

赞叹他人的善行，本身就是一种善行，而且人家知道以后，会更加勤勉地行善。

我们与人相处中，如果没有特殊必要，最好不要批评别人，而要学会赞叹他人的善行。别人一定有善的地方，而且，在大乘修行人心里，每个众生都是父母，都值得恭敬和爱戴。既然如此，我们就不会把别人的小错当成永远的黑点，而是将帮助他改过和进步视为自己的责任，从而去看他的善良面，赞叹他的善行，以此激发他向上努力。

了解，然后赞叹

我们看看舜是怎么做的吧。《中庸》里说："舜好问而好察迩言，隐恶而扬善，执其两端，用其中于民。"

舜做一件事之前，会先向人请教，然后从那些浅近的语言里了解甚深的道理，隐藏恶的、错误的意见，宣扬善的、正确的意见，然后再把那些过分或不及的意见折中，取其中道，服务于民众。

舜的"隐恶而扬善"深得民心，他之所以能够恰当地扬善和制定政策，主要是因为"好察"，了解人性，并站在别人的角度考虑问题，激励人向上。

我觉得我们也应该学会了解，然后赞叹。

现在人与人之间沟通不畅，很多是因为不了解。出家人不了解在家人，在家人不了解出家人，不同层次的人也互不了解。因为不了解，只能根据传言得出印象，带着成见看待彼此，这样就很难形成理解和信任。

如果我们深入了解每一个人背后的故事，就会发现，即使是以杀生或偷盗为业的人，也有不得已的地方——每个人情况不同，理由或许不一定充分，但身陷其中的人自有其无奈之处，也是被烦恼和痛苦所煎迫。即使是十恶不赦的罪犯，也有自己所关心、所爱的人，也懂得羞耻，当然，心底也有改过自新的愿望。

当你了解这些以后，可能会有一种新的感悟，甚至超过在关房打坐以及独自思索所得。这时，因为理解，你不会简单地指责他人的过错；因为确实希望他人好，你会真诚地赞叹他人善的一面——那些不为人知，以及连他自己都不自信的善良和优点。

所以，我们要学会善巧地行善，学会了解，然后赞叹。

其实，赞叹不仅是对别人最好的鼓励，还会使自己赢得赞叹。麦彭仁波切说："如若赞扬其他人，自己亦为他人赞，越是讥毁其他人，自己越受他人讥。"聪明人如果能把握这一点，改掉抱怨和指责的习惯，常常赞叹别人，那么一定会息灭很多纷争、敌对和不悦。

我们记住，真诚而恰当的赞叹就是一种修行。

> 扬人恶 即是恶
> 疾之甚 祸且作

宣扬别人的恶行，本身就是一种恶行，如果说得太过分了，还会惹祸上身。

常思己过，莫论人非

《格言联璧》中说："静坐常思己过，闲谈莫论人非。"静坐时要经常思维自己的过失，看这一天又犯了多少错误；闲谈时切莫谈论别人的是非。

这句话很值得记住，记一辈子，做一辈子。这一点古人做得到，但现在人就不好说了，就算一时记住了，可能过不了几天就忘了。

古人教诫我们不说是非，不仅说是非不对，就连看是非也是不对的。修行好的人看不到他人的过失，在他眼里，这个世界上的每一个人都是清净的，有如极乐世界。要成就这种境界，印光法师有过教导："只看好样子，不看坏样子，看一切人都是菩萨，唯我一人实是凡夫。"

遵循这种教导修行的好处，不是能够改变世界，而是能够改变内心的认知。内心转变了，就不会这也看不惯，那也看不惯，不会怨天尤人，更不会说一些无益言论，造下可怕罪业。

再说，人生是有限的，看别人不如修自己。弘一大师说过：

"我每日思己之过都来不及,哪里还有时间批评他人是非?""修行人"就是一直在修正自己的人,总是会想:我有什么过错?该怎么改?一想到这些就会很着急,生起紧迫感,哪里还有时间看别人过失、说别人过失?

古人说:"喜闻人过,不如喜闻己过。"喜欢听别人的过失,不如喜欢听自己的过失。

喜欢听自己过失的人,是想改过修善,但要做到这一点是不容易的。一般人听到自己的过失就闷闷不乐,恨得两三天吃不下饭:"这人怎么回事,为什么说我?有机会一定要报复……"听人当面说不高兴,背后说也不高兴,反正听不得自己的过失。当然,喜欢听或者说别人过失的人,就更没有时间看自己的过失了。

《论语》中有一段教言:叔孙武叔去见颜回,说了很多别人的过失,并加以评论。颜回为了让他改正,就说:"吾闻知诸孔子曰:'言人之恶,非所以美己;言人之枉,非所以正己。'故君子攻其恶,无攻人之恶。"意思是,我听夫子说过,说别人的不是,并不能显示自己有多好;说别人的邪恶,也并不能修正自己。所以,君子就事论事就好,反省自己的缺点,不要攻击别人。

两种说法,两种结果

说话不善巧,揭别人的短处,有时会惹祸的。

朱元璋当上皇帝以后,小时候一起玩的两个穷朋友想沾点光,于是到京城找他。

一见面,其中一个说:"皇上还记得我们儿时一起割草的情形吗？当时我们在芦苇荡偷了蚕豆，用瓦罐煮，没煮熟你就抢，结果瓦罐破了，豆子撒了一地。你抓一把塞到嘴里，没想到被一根草卡住喉咙，卡得你是……"

朱元璋下令把他斩了。

朱元璋问另一个："你有什么要说的？"

那人连忙答道："想当年，微臣追随陛下东征西战，一把刀斩了多少'草头王'。陛下冲锋在前，打破'罐州城'，虽然'汤元帅'逃了，但逮住了'豆将军'，遇着'草霸王'挡住咽喉要道……"

朱元璋听了，心花怒放，封他做了将军。

同一件事情，两种说法，两种结果，天差地别。

这里的意思是，在日常交往中，我们一定要注意自己的表达方式，不管有意无意，不要揭别人的过失，否则很可能得罪人。一般来说，大家投缘才会聚在一起，是件欢喜事，但只要说起是非来，结果往往不妙，说不定还会留下祸端，害人害己。

善相劝 德皆建
过不规 道两亏

朋友在行善方面应该互相劝勉，这样双方都可以建立良好的品德；如果对方有过失不加规劝，两人的道德都会减损。

简单来说，朋友可以分为善恶两种。佛教认为，依止了有智慧、有慈悲、有德行的善友，自己的行为也会变好。相反，依止了恶友，自己就会变恶。

东晋苏浚在《鸡鸣偶记》中将朋友分作四种：

第一种是畏友或诤友，这样的朋友在道义上可以互相砥砺，有了过失互相规劝；

第二种是密友，共同进退、生死相托；

第三种是昵友，这样的朋友总是互相恭维，在一起吃喝玩乐，是酒肉朋友；

第四种是贼友，贼友的基础就是利益。有利益时，大家互相帮忙；没有利益或者伤害到自己的利益时，则不惜彼此杀戮。

真正的朋友

那么，谁是真正的朋友呢？

《伊索寓言》里有一则故事：两个朋友行路时遇到一头熊，路边只有一棵树，其中一个立即爬到树上，另一个无路可走，只好躺下装死。熊走近他，嗅了嗅，以为是个死人，没有伤害他就走了。熊走后，树上那个人下来了，问："熊刚才对你说了什么？"另一个人回答："熊给了我一个简短忠告：对于在危险面前把你抛弃的朋友，绝不能与之同行。"

阿凡提做州长时，门庭若市，邻居问他："你家整天人来人往的，你到底有多少朋友？"阿凡提说："现在我还不知道，等我不当州长了，再告诉你吧。"

这样的故事有很多。现实生活中，每个人也都会从日常情境里观察谁是真正的朋友。有时很难判断，但不管怎样，真正的朋友，一定是对你的人生尤其是道德或修行有帮助的人。

平常一切都好的时候，你身边的人不一定都是真正的朋友。当你生病了，在救护车里陪你、送你去医院的人，才是你真正的朋友；当你修行无力、坚持不下去的时候，为你作种种开导、帮助你去除烦恼、增长心力的人，才是你真正的朋友。

这类真正的朋友，在佛教里也称善友、善知识，我们修行的道路上，很需要这种善友的提携。

善友的力量很大，所以，无论是在僧团当中，还是在居士学会里面，我希望大家彼此都能成为善友。如果有人生了烦恼、邪见，甚至退了道心，这时我们千万不要认为跟自己没关系，"还俗就还俗吧，退就退吧。"不能这样。以后我们也可能遇到同样的问题，到那个时候，如果别人都对你不闻不问，你就很危险了。所以，这种时候，我们应该用善心和善巧去帮助烦恼的人，你的帮助很可能让他的烦恼消散，从此不再退转。

凡取与 贵分晓
与宜多 取宜少

在财物的取和给方面，一定要分得清清楚楚，给别人的最好多一点，自己取的最好少一点。

生活中，我们经常会面对分配钱物的问题，在这个问题上，最重要的是分清楚：是谁的就是谁的，是多少就是多少。刚开始不立好规矩，随便来，好像不执著，后面很可能就会为了一些小小的利益争执不休。朋友、亲人之间如此，公家与私人之间也是如此。在寺院负责财物的人尤其要注意，三宝的钱和自己的钱要分清楚。

一钱太守

有一天我去乡上，遇到我们的乡党委书记。

几年前他到我面前发过愿。他承认，自己手上有各种各样的项目，要贪污很方便，但他觉得，为官一方，就应该为这里的老百姓谋利益，所以即使没什么政绩，也绝不贪污。他说："我以三宝作证，不贪污政府一分钱。这里的老乡们都很穷，国家拨款过来，是为了帮助他们的，如果我把钱吞掉，那实在太没良心了。"他是共产党员，在红旗下发过誓，现在又对三宝发誓，确实很有诚意。几年过去了，他也的确很清白。

我说："历史上有位一钱太守，你跟他差不多。"

书记问："哦，他是怎样一个人？"

我说："东汉时有一个叫刘宠的人，在会稽担任太守。在职期间，他不仅为官清廉，而且将会稽治理得非常好，人们都安居乐业，所以他深受当地百姓爱戴。后来离任时，有五六个老人从山谷跟出来，每人拿着一百文铜钱送给他。刘宠知道盛情难却，从每人手上取了一文钱，算是收下了。不过一出县界，他就把钱扔到了江里。从此，人们都称他为'一钱太守'。"

书记听了我的话，诚恳地说："我也要做这种官。"

对官员来说，能像刘宠那样，一心为民，做自己所应做，取自己所应取，就是国家和人民之幸了。

态度是人才的核心竞争力

美国某权威网络杂志的总编曾经说过这么一段话:"二十一世纪的招聘,主要看态度。我们真正需求的,不是学历、证书、能力、才干,而是态度好的人才。态度由何而来?说穿了就是道德修养、知书达理。回到古代的讲法,即是德才兼备。"

态度是由内而外的,用人单位要求态度,正如这位总编说的,就是在要求一种道德。他们相信,有良好道德的人不仅可以给团队带来和谐,一般在工作上也不需要太多督促,因为他们自己会平衡付出与收获。

所以,我建议年轻人关注一下这种世界性的趋势,培养自己的态度。

在基本生存之上,如果想得到真正的快乐,我建议大家还要有知足的态度。知足不是不进取,而是已经认识到,再多的物质享受也无法满足内心的贪婪。

人们总是希望从外面的五欲——色、声、香、味、触上得到快乐,但结果如何呢?随着高楼大厦越来越多,物质越来越丰富,我们的内心却被物欲禁锢。想要的东西得不到,痛苦;得到了又失去,痛苦;得到了还想得到,永不满足,更痛苦。面对当今时代的各种问题,有心理学家指出,物质匮乏的痛苦不严重,执著和纠结导致的痛苦才是最严重的。

所以,现在我们需要的,不是追逐物质的能力,物质为中心的教育已经让我们失去了太多快乐。我们要借助传统智慧,学习调伏自己的心,培养自己知足的态度,不需要太多的物质,便可快乐起来。

有人认为,物质是真实的,内心是虚幻的。其实不然。如果了解一点佛法,你会知道,物质对我们产生的深刻影响力,从来就不在物质本身,而是在于"实执",也就是我们内心对它的执著上。

但问题是,执著本身就是一种有害的态度。"一切有为法,如梦幻泡影",才是事情的真相。如果我们能认识到这一点,放下执著,这样体验到的快乐,比物质带来的快乐更真实。

通过调心,我们不仅可以得到智慧,看透真相,还可以发展出奉献态度。善意和奉献几乎是所有优秀文化和宗教的思想基础,基于这种理念,我们的社会才涌现出许多全心利他的人。

新加坡的许哲女士把一切财产用来帮助那些可怜的穷人和病人,自己捡衣服穿;德蕾莎修女舍弃贵族生活和修道院教师的工作,来到印度的贫民区,最初六年就收留、照顾了六万多弃儿,直到八十七岁去世,一生都奉献给了那些世界上最穷苦、最无助的人。

许哲女士把财物布施给众生,德蕾莎修女用身体服侍众生,这些完全体现了大乘佛教的精神。每当看到这些,我就感到惭愧,佛教教义告诉我们,一个修行人活着的目的是利他,而且是毫无自利心、全然利他。但有时想想,作为大乘佛教徒,我们发了菩提心以后,真正做了多少?有没有为众生付出?有没有付出一切?

这可是我们的核心教义,不能忘,一定要多修。

当然,先不说那么高,回归到《弟子规》,这个颂词说的是,在给的时候要多给,取的时候要少取,这种理念体现了一种仁厚用心,对我们大多数人来讲,能做到这一点,就很好了。

佛法有什么不能讲的

我讲《弟子规》，总会讲到佛法上，因为我的"专业"是佛法，而且，儒教的人格规范和佛法本来也是相通的。

有个少儿读经班的老师给了我一张光盘，介绍他们学习《弟子规》的情况。我看了，觉得挺好的，孩子学，父母们也跟着一起学。他们学习时，结合了很多当代的故事，以及今天的人文道德理念，确实不错。不过，虽然他们是佛教团体，学习《弟子规》时，讲到的佛教内容却只有一点点。

其实，把佛法结合进去讲给孩子和家长，也是可以的，而且从长远来看，应该更有益处。

佛法有什么不能讲的？如果某些家长对佛教有排斥心理，不愿意学习也可以。但是，今天这个时代，大多数人已经知道佛法是多元文化中的一种，就算不信仰，了解一下也很好，没什么不能接受的。

愿意了解的人，只要把佛法与当今科学一对比，自然会发现它的与时俱进和超越性。

大家知道，随着物理、天文、医学、生物学等领域的探索和进步，科学家们借助仪器，观察到许多肉眼看不到、肉耳听不到的东西，然而，其实佛法中早就讲过这类事物的存在了。由此，科学家们发现，原来在佛教古老的建筑、形象和仪式背后，还隐藏着这么一个广博、多元性的知识体系。

能够理解佛法的智者们看到，佛教里面的每一项知识都揭示了真理：有已为科学所了解的微观粒子、微生物，有科学正在猜测的地球之外的世界和众生，也有科学尚未抵达的，比如气、脉、明点等更深层面的人体结构，还有心的本体、分类和作用等知识。

这种真理性知识，有的是分别念境界，可以思维；有的则是超越分别念的佛菩萨境界，一般人无法思考，甚至无法想象。

那么，我们学了这些解释宇宙人生的真理以后，对孩子、对父母、对信佛不信佛的人，都可以讲。如果不会讲，是我们没学好；如果会讲，像业因果、前世后世、空性等道理，都可以讲。有智慧的人听了，自然会慢慢分析。

我们可以讲佛法，不用顾虑。我们学的是正法，讲的是真理，有什么好怕的？要大胆一点。

由于各种因缘，眼下的社会是有些不好的现象——对做坏事的人开绿灯，对做好事的人不放心，监督阻挠。但我们修行人心量要大，"求仁得仁"，也无须抱怨。

将加人 先问己
己不欲 即速已

如果你要将什么加到别人身上，比如惩罚、伤害，或要求别人做什么，应该首先问问自己：假如让我受如此待遇，我愿意接受吗？如果不愿意，那就赶紧停止。

这个颂词告诉我们，做人要会换位思考。

懂得换位思考的人，会站在别人的角度考虑问题，会像对待自己一样地对待他人，因此在大家眼里，他一定是个通情达理的人,甚至是公平的象征。在我的家乡,当有两方争执不下时,就会请这种人来,让他发誓,为双方利益考虑,公平裁决,然后双方接受。

其实这种思考,也是佛教自他平等、菩提心修法的基础。自他平等修法告诉我们,我们怎么想,别人也会怎么想,自己和他人在苦乐感受上是一样的。正是基于这一点,佛教倡导以慈悲心对待一切人,乃至一切众生。

现在有人喜欢吃活鱼,甚至生吃猴脑,认为新鲜刺激。但试想:如果你是那条活鱼,被人切了生吃,或活活扔进锅里,是什么感受?如果你是那只猴子,被人敲开脑壳,挖去脑髓,是什么感受?为了吃的人享一点"口福",你却要献出生命,这是什么痛苦?

如果我们自己不愿意感受这种痛苦,那就应该为动物们想想,然后停止类似因为贪婪导致的残忍杀戮。

己所不欲,勿施于人

"己所不欲,勿施于人",这是一个普世理念。

这句教言之所以在全世界范围得到认同,就是因为它深刻揭示并倡导人性平等。只要我们回归到这一理念,就会发现,以往在人类当中发生的各种不平等对待,从人对人的伤害到国家对国家的侵犯,就是因为我们只考虑自己,而从来没有同样地为别人考虑。

如果能为别人考虑,怎么会那么残忍?不会的。

我们太习惯为自己考虑了,而且有太多太多的利益目标,为了这些目标,如果需要牺牲一个人乃至一群人,我们也会觉得是应该的。这就是从自我利益出发必然导致的恶劣逻辑。

什么时候，如果我们能试着为别人着想，那就有机会开启仁爱之心了。这一理念出自《论语》：

子贡问老师孔子，有没有一个字我可以终身行持？

子曰："其恕乎！己所不欲，勿施于人。"那就是"恕"了，自己不愿承受的，也不要施加给别人。

《格言联璧》中说："以恕己之心恕人，则全交；以责人之心责己，则寡过。"意思是，用宽恕自己的心来宽恕别人，朋友就会越来越多；用责备别人的心来责备自己，过失就会越来越少。

宽恕自己很容易——睡懒觉没关系，说妄语没关系，一路绿灯。但真正的修行人不是这样，不会对自己的缺点视而不见，而会深深责备自己，然后立即改过。相反，他对别人很宽容，即使被别人伤害，也不会记在心里。

这种宽恕不是装的，是真的有修行境界。

修行佛法就是有这种力量，修自他平等、自他相换到一定时候，慈悲心将越来越强，而嗔心则越来越少，甚至渐渐消尽。当然，要达到这种境界，一定要靠长期坚持修行，不修不行。

真诚修行比任何表面功夫都重要。比如念莲师心咒，念咒时，你对莲花生大士越信赖，念得越虔诚，感应就越明显，这是一定的。莲师的加持不可思议。

我一直希望世人明白，佛菩萨不是传说，佛陀的教法也不是没有根据，我希望人们接受佛法，是因为我们从多年的学习和修持中知道，佛法的逻辑无懈可击，佛教的实证确实可以带来超越的智慧。

我常用麦彭仁波切的窍诀提醒初学者：通过闻思建立信心，比感性信仰重要得多，因而在最初阶段，要尽量专注佛法，以免被其他思想动摇，生不起定解。而有了一定智慧之后，不妨接触一下其他宗教的教义，做个对比，这样就知道佛教的殊胜之处在哪里了。

恩欲报 怨欲忘
报怨短 报恩长

别人对我有恩，要报答；别人有对不住我的地方，要忘掉。报怨的时间要短，甚至不报怨，报恩的时间要长。

可能很多人都有这么一个问题，就是别人对自己的恩德总是记不住，但谁稍微有点对不住自己的地方，就耿耿于怀："三年前你对我说过什么，还记得吧？""那时候你是怎么对我的……"一直记着，可能到死都忘不了。

其实大可不必。如果一定要报怨，简单说两句就过去了，之后不要再放在心上。如果你已经开始修行，那就不要报了，相反，你要学会感恩每一个众生，并以报一切众生恩、永远报恩的心，激励自己修行。

有句古话说得好——"滴水之恩，当涌泉相报"。

华罗庚说："人家帮我，永记不忘；我帮人家，莫记心上。"有的人生怕别人忘了自己曾经帮过他，时不时提醒一下："以前我帮过你的,你怎么忘了?"但修行人要记住,我们帮别人是应该的,而且,我们不要记仇、报复,即使别人对自己有什么伤害,我们也要学会把嗔恨转成感恩。

美国前总统罗斯福的心态就很好。他家里被盗,朋友写信安慰,但他却回信说:"谢谢你的来信,我现在很好,感谢上帝:第一,贼偷去的是我的东西,而没有伤害我的生命;第二,贼只偷去我部分东西,而不是全部;第三,最值得庆幸的是,做贼的是他,而不是我。"

以德报怨

讲个佛教故事吧。一天傍晚,有个和尚在返回寺院的路上,遇着一场倾盆大雨,看样子一时停不了。他见不远处有一座庄园,就想去借宿一晚,避避雨。

仆人开门,和尚说明来意,仆人说:"我家老爷向来与僧道无缘,你最好另做打算。"

和尚恳求道:"请行个方便。"

仆人不能做主,回去请示主人。过了一会儿出来,对和尚说:"我们老爷不答应。"和尚无奈,又请求在屋檐下过一夜,但仆人还是拒绝了。

和尚说:"那请问你们老爷贵姓尊名?"仆人说了老爷的名字。和尚离开庄园,冒雨回寺庙去了。

三年后,庄园老爷纳了个小妾,宠爱有加。小妾想到寺庙上香,老爷便陪她去了。到了庙里,老爷忽然看见一块显眼的长生禄位牌上写着自己的名字,心里十分纳闷,问一个小沙弥:"这个名字怎么会在这儿?"

沙弥说:"这是我们住持三年前写的。那天他冒雨回来,说有位施主跟他没有善缘,于是就为他写了这块长生禄位。然后,住持每日诵经,把功德回向给他,希望与那位施主解掉冤结、添些善缘,并让他离苦得乐。大概是这样,至于详情,我也不清楚。"

庄园老爷听了这番话,一下子想起了那个雨夜,心里非常惭愧。后来,他成了这座寺庙最大的施主。

《道德经》云:"善者,吾善之;不善者,吾亦善之。德善矣。"对待善的人,我以善心待他;对待不善的人,我也以善心待他,这样他会被感化,也变得善良。

安德鲁·马修斯说:"一只脚踩扁了紫罗兰,它却把香味留在那脚跟上,这就是宽恕。"

那位住持就像这朵紫罗兰,用他的善良和修行,以德报怨,度化了庄园老爷。

待婢仆 身贵端
虽贵端 慈而宽

对待家中的婢女、仆人,重要的是行为端正,同时也要慈悲宽厚。

过去主人对婢仆,现在上级对下属、老板对员工,都是有一定之规的,不能为所欲为。因为身份是暂时的,再说,就算低你一等,也和你一样有思维和情感,再不善表达的人,心里也有自己的判断。所以，有一定位置的人要善待下属，这样他们也会维护你。

《格言宝藏论》中说："傲慢令人变无知，贪欲令人变无耻，若常轻视自眷仆，则此长官定衰败。"

贤明的领导

相反，一个贤明的领导，在和下属相处时，一定要有这几种修养：人品端正、有慈悲心、为人宽厚。一个人有了这些修养，就会像遍布莲花的湖泊一样，引来各种各样的飞禽栖息在身边。

孔子说："其身正，不令而行；其身不正，虽令不从。"如果你自己行得正，不用下命令，别人也会遵照你的意志行事；如果你自己行得不正，即使下了命令，别人也不会服从。这是讲人品要端正。

老子说："上善若水，水善利万物而不争。"谦虚不争是最上等的善，就像水一样。水之所以被称为善，就在于它能随方就圆、利养万物，但却从来不与万物争高下。这是讲不争之德。不争就是慈悲和宽厚。

总之，作为一名管理者，自身修养是领导整个团队的基础。要培养这种素质，我建议大家可以看一下《君规教言论》。这是一部讲君王管理模式的论典，但对僧团管理、世间管理，也有很实用的借鉴意义。

把自己的人格建设好，才能把事业做好，这是真理。

《大学》云："一家仁，一国兴仁；一家让，一国兴让。"带领一个国家，只要自己仁爱、自己的家庭仁爱，仁爱之心就会在整个国家兴起；只要自己懂礼让、自己的家庭懂礼让，礼让之风就会在整个国家兴起。

因此，一切从自己开始。所谓"修身、齐家、治国、平天下、往生极乐、成佛利众生"——后两句是我加的，这样就全了，也更有格局。但是，可能加不上吧？

> 势服人 心不然
> 理服人 方无言

用权力或威势压服别人，别人心里不服；只有以理服人，别人才会心服口服。

在世间团队或僧团里也是一样的，一个有权力的人，行使权力时要讲道理。毫无道理地指使"你必须这样，不能那样"，别人也许表面上不反抗，但心里不会服气。

用势力压制换来的服从，是暂时的服从；用兵器攻伐赢得的胜利，是下等的胜利。因为人们真正信服的是理。"有理走遍天下，无理寸步难行""有斧砍得倒树，有理说得服人"，只有讲理，才能让人心悦诚服。

佛教的理

圣天论师是佛教历史上最擅长讲道理的尊者，在他一生的辩论事业中，胜伏过许多外道。晚年时，尊者又赢了一位婆罗门。婆罗门本人心服口服，但有个弟子不服，想："既然我的上师辩不赢你，那我就用刀赢你。"

于是他跟踪尊者，但始终无从下手。直到有一天，当尊者独自一人在树下禅修时，他跳出来，说："今天我要用刀赢你。"边说边狠狠砍了尊者一刀。

虽然身上中了刀，但尊者依然慈悲地对那位弟子说："真理岂能被刀剑胜伏？你赶快走吧，我的弟子里有很多还没有得无生法忍，有执著，他们会追杀你的。"

那位弟子一听，知道尊者有着非同一般的伟大境界，马上心生惭愧，跪在地上祈求忏悔。

"快走！"尊者强迫他离开了。

过了一会儿，尊者的弟子们回来了，见尊者躺在血泊里，知道有人杀害师父，要去追。这时尊者用最后一口气说："这是前世的因缘，不要追了，放过他。"说完，便圆寂了。

婆罗门被佛教的智慧折服，杀人者则被佛教的慈悲折服。从这个公案里我们就知道，千百年来，佛教之所以得到无数人的相信和景仰，就是因为它的教义和实践完全说明，它是包含智慧和慈悲的真理。

这种真理值得弘扬。然而遗憾的是，就像有些老法师说的："我们的佛法这么好，却没有人弘扬。"

这的确是个问题。世间上有那么多人在尽力宣传自己的思想——对的错的、正的邪的、深的浅的，而佛法呢？如今信佛的人并不少，出家人也好，居士也好，我们也应该想尽一切办法弘扬佛法才对。为什么不呢？佛法这么好，对人们的今生来世都有利，为什么不弘扬呢？

这是大事，每个修行人都应该多考虑考虑。

亲仁

同是人 类不齐
流俗众 仁者希

同样是人，但性情却有很大差别，跟随社会潮流的平庸之辈多，仁慈而有德行的人很稀少。

所谓"亲仁"，就是亲近有仁德的人，用佛教的话讲，就是亲近或依止善知识。

《君规教言论》中说：一个大国里，一定什么样的人都有，有贤善的人，也有卑劣的人。正因为了解到众生的根机、意乐、性格、智慧等都是不同的，佛陀才宣说了八万四千法门，以便恰当地利益和度化每一个众生。

这就是应机施教，或者说因材施教。

《论语·先进》有这么一段情节：

子路问孔子："如果我听到一个好主意，可以立即去做吗？"

孔子说："你父亲和哥哥都健在，为什么不先问问他们？"

冉有问："如果我听到一个好主意，可以立即去做吗？"

孔子说："听到了就要立即去做。"

公西华在旁感到奇怪，问道："老师，他们两人的问题一样，为什么您的回答却不同呢？"

孔子说："冉有为人犹豫、退缩，所以我鼓励他果断一点；子路勇气过人，但遇事往往思虑不周，所以我抑制一下他的冲动，让他三思而行。"

这种因人而异却又恰到好处的教育方式，只有真正的智者才做得到，然而，这样的人确实不多。

仁者希

麦彭仁波切说过：在数量广大的人群中，具有慈悲、智慧以及大功德的人，是极少的。

这个不难理解，我们看到，在一个班级或团体里，优秀者通常只有几名；就整个社会而言，博士不多，高僧大德也不多；不管在哪个国家、民族，大大小小的团体中，真正有学问的人总是不多。所以，贡唐丹毕准美尊者在《水木格言》中说："百人有一勇士，千人有一智者。"

这还是仅从才学角度讲的，还要看道德。有学问的人不一定有道德，深入经藏的人也不一定有正见和修行，很可能学了半天，还是堕在断见或常见之中。

要是再用严格的业的标准衡量，世间大部分人是不及格的，甚至前途堪忧。正如《四百论》所说："由于诸人类，多持不善品，以是诸异生，多堕于恶趣。"因为人类造的恶业太多，所以死后多数要堕入恶趣。

业因果是存在的，前后世也是存在的，所以，不论从久远的未来还是今生为人的角度考虑，我们都应该追求成为一个高素质的人——既有德又有才。在今天的社会里，相对而言，有才还是比较容易的，然而要具有取舍的智慧，以及将才能导入正途的道德，就难得多了。

如果我们想要完善道德，通常需要首先发起"我要成圣成佛"的誓愿，然后修道。

当我们开始修道的时候，不要太在意有人讥笑，因为"不笑不足以为道"，这条路的确不是一般人所能理解的。佛教徒磕大头有人笑，饭前供养三宝有人笑，这是正常的，因为他们不知道里面的意义。但我们自己知道。

当然，我们也知道，要修行到底是不容易的。

我常听见有法师抱怨，说有些道友既然来了，又不好好学，很失望；我也听到有教授抱怨，说有些大学生虽然考上了，却跟不上，很失望。我理解这种心情。但我们不要忘了，我们是生活在娑婆世界，外面充满诱惑；而我们是凡夫，心里全是贪嗔痴。在这样的内外环境中，要一个人保持好学或者向道之心，的确不容易。

世间的现象我们是听说的，佛学院的现象我们却是亲眼看到了。有的人开头非常不错，精进而虔诚，但没过几年人就变了，有如得了传染病，一夜之间，人成了另外一个样子。

所以，有时我也劝法师们要有耐心，不要因为某些人的不上进、转变甚至退失感到失望。我们要理解这个时代，和在这个时代里修行的人。

在这种时候，我能建议大家的就是：如果你真的想有所改变，就一定要感受到闻思修的乐趣。

法是有殊胜妙味的，不管是传统文化的智慧，还是显密教法的义理，如果你能把一句教言、一个颂词的意义领纳于心，融进血液、骨髓里，那么你的身上就会呈现出修行的味道。有了真切体会的人不容易受诱惑和退失信心,道理很简单:肤浅的动摇不了深刻的。

虽然这个世界仁者不多,成为仁者也很难,但我们还是要立志,并通过修行达成这一目标。

> 果仁者 人多畏
> 言不讳 色不媚

一位真正的仁者,人们见到他自然会生起敬畏,因为他说话坦诚直率,没有避讳,而且不会有谄媚之态。

仁者:温良恭俭让

仁者有什么样的不共德相呢?

子贡赞叹老师说,夫子有五种德相:温、良、恭、俭、让。也就是温和敦厚、善良、恭敬庄重、俭朴、谦让。

子夏也说:"君子有三变:望之俨然,即之也温,听其言也厉。"君子有三种看似互相矛盾的变化:远远看着,他是那么庄严而令人敬畏;靠近他时,却感觉他透着一股温和与慈悲;而听他说话,又是那么严厉。

这就是仁者的德相。

其实每一个行业的人都有相,老师有老师的相,商人有商人的相。至于官员,廉洁则是最基本的德相。

明朝正统年间有一位巡抚叫于谦,他要进京奏事。当时有个惯例，就是官员进京都要给宦官送些金银珠宝之类的礼品，否则就办不成事。但于谦什么都不带。有人提醒他，就算不送金银，送点土特产做个人情也好。但于谦甩了甩两只袖子，笑着说："我只有两袖清风。"

今天，"两袖清风"这个成语，被人们用来形容为官者的正直和廉洁。

廉洁之所以得到认同，是因为在人们心目中，有德的官员理应如此。而且，人们信服的就是德行。

为什么孔子"望之俨然"？为什么大德们行住坐卧中能透出威严？就是因为有德。由于德行所感，人们自然会感到敬畏和爱戴。

仁者的威严不是装的。谁都知道，装出来的东西很容易被看破，而且也装不久。所以，与其装，不如真正修德。

为什么于谦可以"言不讳，色不媚"？还是因为有德。因为有德，所以有原则，有什么说什么，了解真相就说真相；而且，他不会像一般人那样，屈服于利益要求或别人的认可，以各种违心的姿态向人献媚。

但遗憾的是，伴随时代变迁，道德一再受到冷落，人们今天最重视的是财富、地位和暂时的利益。其实求利未尝不可，古人也认为正常，但求利的出发点或者说动机这一点很重要。

明代的方孝孺曾经说过："君子之为利，利人；小人之为利，利己。"君子求利，是为利他；小人求利，只为利己。可见，利他还是利己，是判断一个人的重要道德界限，愿意利他的人，可以成为君子甚至仁者。

我们不妨检视一下自己，有谁愿意成为仁者？

上师：证悟的力量

我们的上师法王如意宝是一位真正的仁者。

上师除了具足世间仁者的德相外，还具足无垢光尊者在《如意宝藏论》、智悲光尊者在《功德藏》里讲到的一切出世间圣者德相。我想，这主要源于上师的修行和证悟力量，也因为如此，上师才能在当代创建这样一所佛学院，并显示非同寻常的摄受力量。

真正的善知识，就像《大圆满心性休息》中所讲，有跟世人相同的地方，因为他要随顺世间；也有跟世人不同的地方，因为他已经超越了凡夫的心和行为，身口意一切所为都是清净无垢的。

当我们遇到这种具有殊胜境界的上师，看他们吃饭、走路、说话，会觉得跟我们没有两样，我们做什么，他们也做什么，甚至还会开开玩笑。但我们必须了解的是，他们不论做什么都没有执著。我们看电影会沉浸其中，跟着哭啊笑啊，吃东西会贪执味道，但他们不会。他们会说"好看""好吃"，但不会执著，更不会把这些当做人生目标，他们随顺你，只是为了度化你。

和一般的善意关怀相比，这种由证悟导致的大慈大悲是那么不同。因为对前后世缺乏了解，儒教的爱或世俗的慈善，只能帮助人类短短一世的生活。而佛教上师们的爱要深刻和长远得多，他们通过自己的修证，不仅愿意为你的今生带来安乐，更重要的是，他们会为每一个与他结缘众生的来世负责：令其离苦得乐，乃至成佛。

这是佛菩萨才会有的悲愿和行为。

有深刻证悟的上师，不会像一条小溪，一看便知道深浅，而是很难测度的。诚如《水木格言》中说："言少含笑知要，众人悉皆畏之，默默荡漾江河，深度难以估计。"真正的大德话不多，他常面带微笑，说什么都切中要点，就像默默流淌的江河般难以测量，所以人人敬畏。

上师如意宝就是这样的人，"望之俨然"，佛学院里每一个人都怕他，但又那么地恭敬和爱戴他。见过上师如意宝的人都相信，他是真正化现在人间的菩萨。

依止上师的问题

说到这里，我顺带讲讲依止上师的问题。

上师就像老师，接引你走入佛门，教你佛教知识。但上师又不同于老师，因为上师最主要的工作，是引导你走向解脱。不同的上师有不同的法相，别解脱乘有别解脱乘上师的法相，菩萨乘有菩萨乘上师的法相，金刚密乘有金刚密乘上师的法相。

我常常强调，一个想学习显密教法的人，在与某位善知识结上法缘之前，一定要先观察，观察好以后再依止。但现在有很多欠缺佛教知识的人，总是过于急切地结法缘——先听法、受灌顶、接受传戒，然后才观察；一观察，觉得有问题，又马上舍弃。这个过失很大。

一生依止几位上师是可以的，但依止了又舍弃——把他的法本扔掉、皈依证上的名字抹掉，然后依止另一位上师；再依止，再舍弃；今天依止，明天毁谤……这样依止是很可笑的，也很可怕。

佛教的师徒关系远比世间的师生关系严肃，破坏这种关系，一定会形成相当不好的缘起。阿赖耶识中染上这种墨点，即使今生看不出来，将来也必定感受苦果。

为什么过去的人修行容易？一方面可能是心比较清净和专注，另一方面，那时候也没这么多资讯，除了佛法，没有什么散乱因缘。而现在的环境的确不同了，几乎没有顺缘，太多的违缘在眼前晃着，所以，要是没有相当的定力，修行是很难善始善终的。

但不管怎样，我还是提醒大家，在选择和依止上师的过程中，首先一定要多观察，观察后再依止；而依止以后，最好多修清净心。

能亲仁 无限好
德日进 过日少

能够亲近仁德之人，有无量无边的好处，道德会一天天进步，过失会一天天减少。

我确实认为，能依止到真正的善知识，是一个人此生最大的福报，将使内心和行为发生巨大改变。当然，这种改变也不是今天依止，明天就有了神通能飞来飞去，而是渐渐发生的，可能自己都察觉不到。

长期依止善知识

修行刚开始的一两年里，很多人会有烦恼加重的感觉："学佛前我的心还算平静，但学佛后心念反而动得厉害，有些还特别可怕，我是不是不该学佛？"

应该学，这种情况是正常的。学佛是为了调心，但当你准备调伏这颗心的时候，才会发现，原来它并不温顺。

想象一匹野马，它自己生活在草原上，是平静的；但当有人要抓它，它就暴躁起来，而要驯服它，更要费一番周折。再想象一个调皮的孩子，他自己玩，怎么淘也跟你没关系，但让你管的时候，生活、学习一堆事儿，你要他这样，他偏那样，一会儿哭一会儿笑，一会儿"我肚子痛，我要上厕所"，这时你才知道他不好管。

同样地，我们心里那些看似加重的烦恼，其实本来就存在，不是学了佛才加重的。所以，不要怀疑该不该修行。当你依止善知识，开始修行了，不可能一下子变成大成就者，但也不可能不进步。你的功德在一天天增加，过失在一天天减少，就算你感觉不到，也是如此。

这是规律，依止善知识以及修行的必然规律。

依止智者，你会变得有智慧；依止平庸者，你很难出众；依止下劣者，你也将变得下劣。所以，当你依止到一位真正的善知识时，一定要珍惜，要长期依止。

智悲光尊者在《功德藏》中说，一块普通的木头，如果掉落在玛拉雅神山的檀香林里，多年以后，也会散发出栴檀的芬芳；同样，再平凡的人，如果依止到一位具德上师，久而久之，也将变得不再平凡。

所以，有智慧的人要长期亲近仁者、依止善知识。

苦行的意义

依止过程中，有时也需要一些苦行。苦行不是追求吃苦的形式，而是克服自我贪执、完成修行的必要方法。

据《上师心滴·历史宝鬘论》记载：尊者革玛燃匝在依止上师修行过程中，有一次利用两个夏天时间，通过绘画赚得四升青稞。他用其中两升买纸，晚上撰写经函，另两升买生活资具以及看书用的酥油灯。当时他患了重病，但仍然一边苦行一边学习，结果生起了殊胜证悟。上师极为欢喜，开许他直接利益众生。

止贡法王曾经说过，大成就者革玛燃匝是藏传佛教中最伟大的一位上师，因为他拥有两位历史上最伟大的弟子——噶玛巴自生金刚、全知无垢光尊者。

这样的上师都要苦行，更何况我们？

条件太好，修行不一定好，这一点我有感受。刚来佛学院那会儿，道友们吃的住的条件都很差，我也一样。但有一次，我走了二十多公里路去县城买了几斤挂面，煮来一吃，实在太香了，简直是天上美食。后来再没有享受过这种味道。可能佛法也一样，在艰苦坏境中领略的那种甘露妙味，条件好了，反而感受不到了。

所以，修一点苦行是值得的。即使做不到为法忘躯，少一点物质享受，多一点佛法追求，进而体验纯粹的精神愉悦，对今天的人来讲，是值得尝试的。

就像我们这里有些道友，清苦生活对他们来说不仅不是障碍，反而强化了出离心，修行也随之增上了。

教言就是善知识

不喜欢过清苦生活的城市人，其实也挺苦。迫于种种压力，人们的脚步一年比一年快，似乎停不下来。甚至有种说法，停下来的人，不是身体出了问题，就是精神出了问题。但事实上，停不下来的也不是没有问题。

古人生活简单，可以潜心于道德。但即便在今天，如果我们不是自己把生活弄得那么复杂，抽点时间学习也是可以的。

再说，就算不为自己考虑，而是为孩子着想，我们作为家长和老师，学学传统文化和佛教思想，在孩子的心还是一张白纸的时候，引导他们打好道德基础，成就一种可以惠及终生的思考和行为方式，不是很好吗？

那么，要跟谁学呢？当然是善知识。有机会在一位上师身边，依止并随学他，固然很好，但如果没有这种机会，要依止什么样的善知识呢？

城市里人多，但具德善知识确实不多，所以，我建议大家就依止具德善知识的教言。要找到这种教言，除了阅读古德先贤的书籍外，现在国内外有很多公认的学者、居士和法师，他们对国学或佛法有相当精妙的阐释，我们见不到他们，但可以把他们的教言当做善知识。

因为善知识教化世间，依靠的就是教言。有人曾经问佛陀："人们都仰慕您的神变，为什么您不大量显现神变度化他们呢？"

佛陀说："我最大的神变就是传法。"

所以，就像我常常说的，依止上师的真正要义，不在于他的微笑或其他什么，而在于他的法。一个人用头抵着上师的膝盖，不一定得到他的意传加持；一个人把上师的法融在心里，却一定让上师欢喜。上师知道,这是真正在依止他。

"真正的善知识,你不一定要见到他的面,如果你得到他的教言,并因此有了真实改变,你就可以把他当做你的善知识。"这是噶玛巴尊者曾经说过的一段话。我是在十年前看的,大约是这样。

讲到这里,我想很多人可以不必抱怨找不到上师了,因为即使你不能在某个地点和某位上师待在一起,乃至一生都无法和他见面,但只要你遇见他的教言,信赖他,并依靠这些教言断恶行善,你就是在依止这位善知识。

不亲仁 无限害
小人进 百事坏

如果不亲近有仁德的人,就有无限的害处,小人会跑到你的身边,你的很多事情也常常不吉祥。

亲近仁者,不仅可以进德止过,同时也可以让小人无机可乘。相反,不亲近仁者,小人就来了。小人就是恶友,和其他的影响相比,恶友害人最深,尤其对修行人。

诚如《佛子行》所说:"交往恶人增三毒,失坏闻思修事业,令成无有慈悲者,远离恶友佛子行。"

一个人交往恶友,至少有这么几项过失:

第一,增长贪嗔痴等一切烦恼。

第二，毁掉闻思修事业。一个月里依止善知识所获得的进步，一天交往恶友，就可以毁坏。这是有实例的。有个道友多年来在家长和善友的劝勉下，学得不错，但有一天突然遇到一个恶友，跟他聊了一晚上，结果第二天就跟着魔似的，从此一路下滑，再也回不来了。

第三，失去慈悲。以前有慈悲心、菩提心的人，如果与恶友交往久了，也会被拖下水，失去这些功德。诚如《水木格言》中所说："纵是圆满之树，久存水中腐根，具足功德正士，亦为恶友所毁。"即使是一棵粗壮的大树，被水浸泡久了，根也会烂掉。同样的道理，即使是一个具有功德的正人君子，老是和恶友待在一起，也就被毁了。

所以，一定要远离恶友。

远离恶友

有人以为，自己学了那么多年，不管走到哪儿肯定不会被人影响："上师，您放心吧，别人您可以不放心，对我，您就一百个放心好了。"

但我确实不放心。因为我知道，有些对三宝不敬、贪嗔痴重、恶习深厚的人，身上有一种加持力——魔的加持力，这种力量可以渗透给别人，慢慢把他改变。

所以，山里的修行人也好，城市里的修行人也好，我们在专注修行之外，一定要留心平时的交往，千万不要跟一些世俗凡愚同流合污。《入菩萨行论》中说："行为同凡愚，必堕三恶趣，令人非圣境，何须近凡愚？"跟那些世俗凡愚同吃同住，将来必定会堕入地狱、饿鬼、旁生这三恶趣当中，他们会让你偏离修行、进入歧途，从而无法趋向圣者之域，所以，何必亲近凡愚？

我们要知道，远离恶友这件事，不仅人格教言里讲，大小乘教言里讲，《如意宝藏论》等密法典籍也一致强调：一定要远离恶友。

《世说新语》里有一则"管宁割席"的故事：管宁与华歆从小是一对要好的朋友。他们在同一张桌上吃饭、同一张席上读书、同一张床上睡觉，可谓形影不离。

有一次，管宁在地里锄草时挖到一锭金子，没有理会，继续锄草。华歆却捡起来摸来摸去，爱不释手。管宁说："不劳而获是不对的，扔掉它，干活吧。"华歆无奈，只好扔掉了金子，但是很不情愿。

又有一次，两人正在一张席上读书，窗外有一列大官的队伍走过，前呼后拥，敲锣打鼓。管宁充耳不闻，继续读书，但华歆按捺不住，跑去看热闹了。等华歆回来，管宁当着他的面将席子割成两半，说："我们志向不同，从今以后，你我就如这两块席子，不再是朋友了。"

和恶友一刀两断是对的。我们要记着善知识们的教诫：远离对你修行有害的人。否则，只要是凡夫，就难免受到影响或冲击，特别是恶友那种看似有趣、实则无益的语言，当你听到后，会立即对正法和善知识生起邪见。即使你知道这样不对，也有对治，但种子播下去了，将来遇到个什么因缘，邪念又会起来，甚至蔓延。到那时，你的那些智慧和慈悲，很可能全部消失殆尽。

所以，我要一再提醒大家，作为修行人，有些事不能不怕，必须谨慎。

在藏地的蓝天白云下,堪布说:"不少人喜欢来到这里,感受纯净无染的天空和笑容。其实,最美的风景,不在你相机的取景框里,而在修行人的思想中。"

在佛学院，为培养僧才，课后抽签讲考，中签者在僧众面前讲法。

堪布酷爱看书，平日哪怕再忙，只要有一点空闲，就躲进书房看书。堪布说："我刚出家时曾以为，自己来到人间，最大的使命就是看书。"

在佛学院，若没有特殊情况，堪布每天都会讲法。课后接待时，为佛像开光。

2014年，在美国南加州大学，作《苦才是人生》演讲。

在佛学院的一个小经堂,为僧众开示,
提醒大家"万般皆下品,唯有利他高"。

余力学文

不力行 但学文
长浮华 成何人

对于孝、悌、谨、信、泛爱众、亲仁这些道德，如果我们不踏踏实实地身体力行，只是当作知识，就会增长一种浮华之气，那成什么人了？

惯于"纸上谈兵"的人，嘴上讲得好，但从来不做，于是心就浮躁起来，喜好表面的东西。古人认为这样做人是不合格的，不可取，必须有一种踏实的状态。学了之后要思，思了之后要行，这样人才会有所改变。

有一次我在成都某医院住院时，给两个孩子讲了一遍《弟子规》。之前他们天天打架，家里人都觉得烦，但学了《弟子规》以后，就不打了。半年了，一次没打。

这就是力行。希望学《弟子规》的人都能力行，以前不孝顺父母的，要孝顺；不恭敬长辈的，要恭敬；爱说是非的，尽可能少说甚至不说……这些道理你不能只是懂，要真正做到了，才叫有德。否则，光会说有什么用呢？

以德驭才

通过力行，有了道德基础，才可以学文、增长才能，因为只有具备了道德，才能够保证这些成为善的、有用的东西。关于德才与人的关系，《资治通鉴》里有一段精辟分析：德才圆满具足的，是圣人；既无德又无才，是愚人；德胜才，被称作君子；才胜德，叫小人。

这一分析清楚说明，在古人看来，能否以德驭才，是判断一个人品质的重要标准。换言之，才学要以品德为基础。所以司马光又说："君子挟才以为善，小人挟才以为恶。"意思是，君子有才，用来行善；小人有才，用来造恶。

我们不妨深思，如果不重视品德的培养，知识分子最可能成为什么样的人呢？就算读到硕士、博士，如果不是天生厚道或自己努力，恐怕多数将会是才有余而德不足。一旦德驾驭不了才，这个人很可能就会为了自己的利益，小则耍小聪明，大则无恶不作，危害社会人群。

学习知识当然是对的，但如果这种知识只是谋生手段，跟道德塑造、人品提升无关，那么学得再多再久，也很难保证行为得当。所以，还是要学学传统文化，像《弟子规》，短短九十颂，就足以改变你的人生。

这一颂强调力行。就像一项好政策，只放在纸上，没有人执行，便利益不到人民。同样，当你学到这些道德教言，不身体力行，也利益不到自己。所以一定要力行。能够力行《弟子规》，就能够做一个好人，这时再谈皈依、出离心、菩提心以及密法的高深境界，是有基础的。

那么，只是力行，不学、不思考，行不行呢？

但力行 不学文
任己见 昧理真

如果只是一味去做，不学习书中的道理，也会随着分别念固执于自己的见解，不能正确认识事理。

世间偏好力行、出世间偏好实修的人，常常看不起理论："学这些论典干什么，直接修不就行了？"

其实这是矛盾的：想做好人，却排斥做人的道理；想获得成就，却排斥前行教言或五部大论，好像这些都是外道典籍一样。然而，当这种人修的时候，不是抓不到要点，就是疑惑重重，越用力，越陷入自己有限的认识和经验之中，被各种烦恼、胡思乱想包裹，见不到真理。

只闻思不修行的人，久了，就成了"法油子"，什么都懂，什么都修不来；学了一辈子，临终时却不能自救，很可怜。而同样可怜的，是这些不懂理论的实修者。因为理论与实证是相连的，不懂就修不了。

所以，我们学佛法，要遵循法王如意宝"闻思与修行不偏堕"的宗旨，既重视理论，又重视修行。

当然，不偏堕，也要讲次第。

闻思修的次第

前面讲过,儒教的修行有五个次第:博学、审问、慎思、明辨、笃行。程子说:"废其一,非学也。"这五者少一样,就不是正确的求学态度,得不到真学问。

依我理解,从博学到明辨是确立见解的过程,离开这一过程,直接笃行是很困难的;而从来不笃行,只是审问、慎思,搞理论,也没有意义。所以,知与行要兼顾,这和佛教的闻思修是一个道理。

闻思修不能偏堕,同时也一定要有次第。总的来讲,闻思是修的基础,尤其甚深修法,更离不开闻思。佛教历史上是有一种利根者,他们依靠具有殊胜证量上师的简单窍诀,直接证悟并获得各类成就,但其根性以及与上师之间的因缘与众不同。而对大多数人来讲,我们还是要依循次第,让心渐渐成熟,否则没有办法真正修行。

不但修不了,而且因为没有闻思以及前行基础,很多人修着修着会出魔障。学过般若、《华严经》《楞严经》等显密经论的人,知道什么是魔障,也知道用什么方法对治,刚一现起就遣除掉了。而没有闻思的人,容易把不是道相的境界也当做道相,稍微有点觉受就欢喜得不得了,傲慢执著全都起来了,结果也成了魔障,最终自己深受其害。

佛教是讲究次第的学问,一定要按照次第修行。

对我们这些普通根基的人来讲,次第修的好处,一方面是不容易出魔障,另一方面,即使不能马上开悟,但你每天从闻思里得到的知识,以及念咒、放生、用转经轮等做各种善事的功德,绝不空耗,全是解脱之因。

不过，最近我听说，有人认为这些通过身体和语言行持的善法都是勤作法，也就是刻意努力，所以必须放弃。

对这种说法，我很担心：念观音心咒的功德那么大，放生的功德那么大，虽然从禅宗、大圆满的境界看，是勤作，从离一切戏论的中观见解看，是戏论，但这种积福累德的修行，在藏传、汉传所有佛教传统中都是倡导并鼓励的，怎么能放弃呢？我不认同。

远离勤作的修行是有，但对绝大多数人来讲，不修这些勤作的善根，所谓不勤作，可能也只是说说而已。

所以，我们还是要先好好积累资粮，好好闻思。闻就是听闻或学习佛法，思就是思考佛法，先闻后思，也是这个次第。这跟儒教的观点一致。孔子说："吾尝终日不食，终夜不寝，以思。无益，不如学也。"我曾经整天不吃不喝、整夜不睡地思考，但没有益处，不如去学。

孔子告诉我们，对于那些深刻的真理，如果你坐在那里干想，即使花去再多的时间、精力和努力，也无法真正理解，只有去学，才会明白。这个道理很重要。

不了解什么是修行的人，常常认为这是修行、那是修行，并希望借此爬上高高的境界。但在智者们看来，这些理解跟真正的修行相去太远，没有闻思的见解，没有足够的福慧资粮，不仅修不成，而且很危险。

诚如萨迦班智达所说："无有闻思而独修，犹如无臂攀悬崖。"一个人没有闻思便独自修行，就像没有手臂的人要去攀爬陡峭的悬崖一般，非常危险。

因此，一定要闻思，闻思的同时修行，或者到一定时候，专门抽出时间纯粹修行，这才是正途。

> 读书法 有三到
> 心眼口 信皆要

读书的方法或者说要领，就是"三到"：心到、眼到、口到。这三点都是需要的。

无论是读书、听课还是修行，要做好任何一件事情，都需要身口意的专注配合。

第一要心到。心是身口的主导，读书时，心专注于内容，不打妄想，眼和口也就跟上了。《大圆满前行》闻法规律中讲到，心不专注，就会像一个漏了底的碗，倒入多少水都存不住。所以，不论做什么，你的心必须在那儿。

第二要眼到。看书时，眼睛要盯着文字，不能东看西看，那样文字进不到心里。听法也一样，耳根不专注，四处分散，就会像碗倒扣着一样，水进不去。可能这也跟前世的习气有关，有的人看佛书、听佛法，从头至尾欢喜无比。而有的人正相反，在听法行列中一刹那也坐不住，身体动来动去，眼睛看这看那，很明显，他的心也不在法上。

第三要口到。古人读书要读出声来，或者默念。但我们听法时要求禁语，甚至不能念咒。

这就是三到。后面的"信"字是说这三点的的确确都需要。

也有人认为,是指还要有信心,但如果是这样,那是不是就成了"四到"?我翻了一些注释,说法不一。

专注

能做到这"三到",就是专注。专注是一种能力。读书专注,可以学到知识;闻思专注,可以生起定解;修行专注,便能转化内心,获得成就。相反,如果不专注,即使是一件很小的事,也难以成办。

所以,专注是成功的必要素质。

范仲淹读书时,五年中都是穿着衣服入睡,累了就躺一躺,心思全部在那些儒教经典上。正是这种专注,成就了他的学问,以及忧国忧民、"先天下之忧而忧,后天下之乐而乐"的伟大志向和情怀。

清朝林西冲是个每遇问题必求甚解的人。有一年夏天,仆人为他准备好洗澡水,请他入浴。他正思维一个道理,边想边坐进浴盆,直到拿毛巾擦洗时,才发现没有脱衣服。事情一传开,乡里人都称他"书痴"。

法称论师著《因明七论》时,在皇宫接受国王的招待。国王为观察他,有时派美女送饭,他不为所动;有时在饭里放一些极苦的地丁,他照吃不误。国王很佩服。而他也一心造论,完成了自己的传世之作。

这些人为什么如此专注?我想,兴趣是重要原因,你热爱一件事情,心就在上面。我刚来佛学院时也很专注,法王座下的好多堪布都差不多,我们真的是日日夜夜闻思修,出去打桶水也要背个颂词,十几年如一日。那股劲儿和古人比起来并不逊色。现在有人说我法务繁忙,我倒有些惭愧,当年可以叫法务繁忙,现在是琐事繁忙。

我看很多道友很不错,背《弟子规》,背五部大论,心思都用在佛法上。不简单,学佛就应该这样。

我希望在城市里学佛的人也多专注一些。现在大家忙,能抽时间学佛本来就不容易,既然学了,听法的短暂时间里面,就不应该分心打电话、发信息、吃东西,做这些事情不如法不说,也学不到东西。照这样学,一堂世间的课都学不好,更何况佛法?

佛法是难得的,也是甚深的,不专心肯定学不好。学佛要有学佛的样子,一定要专注,而且要长期专注。

《荀子》云:"锲而舍之,朽木不折;锲而不舍,金石可镂。"用刀刻东西,如果你刻着刻着就放弃,那么连腐烂的木头也刻不断;如果你坚持刻下去,那么在金石上也可以雕出花纹。水滴石穿也是这个道理。

当然,心也不能收得太紧,要善加调节,细水长流。连续熬夜学习,该休息的时候不休息,也很难持久。

方读此 勿慕彼
此未终 彼勿起

正在读这本书时,不要急着去读另一本书,这本还没有读完,下一本就不要开始。

有些心急的人，这本书看一点，搁到桌上，那本书看一点，也搁到桌上，结果，一桌书没有一本是看完的。曾国藩说："桌上不可多书，心中不可无书。"桌上书多，说明心不专一；心中无书，说明不好学。本来开卷有益，但不会读书、不爱读书的人，很难真正从书中汲取有用的知识，进而调整自己的思考、语言和做事方法，很可惜。

书要一本一本地读，事也要一件一件地做——做完一件再做另一件，这是《君规教言论》和《入菩萨行论》都强调的做事原则。否则，就如走路，一只脚还没有站稳，另一只脚已经抬起来，人就容易跌倒。

所以，学什么东西，最好把它学透。

孔子跟随师襄子学琴，老师教了一首曲子，他弹了十天。老师说："你弹得不错，可以学新曲子了。"

孔子说："我虽然会了，但并未掌握背后的规律，还想继续再弹。"

再弹了几日，师襄子又要教新曲子，孔子说尚未体会到神韵。于是弹了又弹，最终，他竟然体会到这首曲子的作者是周文王。师襄子钦佩不已，离席向他行礼。

博与专

说完定和散，再说说博与专。

一般来讲，在义务教育以及大学最初两年，各种基础知识都要学，而在这之后，就可以选个专业，作为自己的研究或事业方向了。

这个过程同样适用于佛教。"专业"一点的佛教徒，刚开始必须学佛教理论，以及人格规范等世间知识，然后可以择定自己的修行法门，比如念佛、参禅，或者修大圆满。

可以说，对大部分人来讲，先博后专几乎是天经地义的，它的好处也很明显：有了各方面的常识性基础后，再选一个领域去专门深入，就"专"得起来，否则可能会缺乏后劲。

对于需要达成某种目标的人生来说，总是一味求广博，就会没完没了。对此，无垢光尊者曾说："所知法无穷无尽，不论你怎么学也无法抵达尽头，所以必须修行。"

此外，博而不专会落于浮泛，无法形成有力的深度，就像庄子说的："夫道不欲杂，杂则多，多则扰，扰则忧，忧而不救。"他告诉我们，修道最忌讳的是杂，杂了心就不专一，念头就多；念头多了，就无法摄持并向内专注，就扰；扰了就会落入忧虑和纠结；忧虑纠结，就修不下去了。

所以，萨迦班智达教诫我们："智者学习诸知识，究竟一门通世间，愚者虽是见识广，不能照明如星光。"他把群星和太阳做了一个对比：群星虽然遍布虚空，却无力遣除黑暗；太阳虽然只有一枚，却能遍照世间。

《荀子·劝学》里也有一个比喻："鼯鼠五能，不能成一技。"鼯鼠是一种小飞鼠，有点像松鼠，它能飞，却飞不上屋顶；能攀，却爬不上树梢；能游，却渡不过小水沟；能跑，却赶不上人走；能藏，却盖不住身体。它有五种技能，却没有一样拿得出手，很悲哀。

由此我们可以了解，要想获得真正的知识，必须一门深入。

当然，一门深入，也可以有主有辅。比如今年开三门课，你可以主修净土、兼学般若，或者主修前行、兼修净土。如果没有主次，全都听一听、修一修，种个善根也可以，但很难有明显成效。抓住重点很重要。

道德和智慧的学习，与一般的知识不同，虽然也讲究积累，但贵在通达。学得再多，但博而不精，始终没有形成一种究竟的见地，就很难得到真实的学问或修证。

宽为限 紧用功
工夫到 滞塞通

安排学习计划，时间不妨宽裕一些，但学的时候要加紧用功，一旦工夫到了，原来停滞阻塞的地方就通了。

如今很多人开始正规地学习佛法，这是好现象，但也要用功，不要用忙做借口推托。在这几年的学习里，有的人确实忙，国内国外开会，飞来飞去，但一堂课没落下。一般人是没有这么忙的。我知道，有的人忙，是忙没有意义的琐事，不是真的没有时间。但与其这样虚度人生，为什么不学学对今生来世都有利的佛法呢？

佛法是最值得忙的，即使有些陌生，感到有点阻力，但只要下一点你忙琐事那样的功夫，很快就能熟悉起来。

下功夫

西汉有个人叫路温舒，从小好学，但家里穷，没钱读书，只好以替人放羊为生。有一天,他赶着羊群来到一个池塘边,见里面的蒲草一片一片的又宽又长,于是采了一大捆背回家,晒好压平,裁得与竹简一般长,编连起来。然后他不断地借书来抄,并做成一册一册的,每次放羊就带在身边,边放羊边读书,最终成就了大学问。

唐朝郑虔的情形与之类似,他爱写字,却没钱买纸。他听说某座寺院堆了几屋子的树叶,便付了点钱将那里租下来,然后每日在树叶上练字。等他把所有树叶写完,也成了著名的书法家。

古印度有一种"贝叶经",就是在一种叫"贝多罗"的树叶上抄写的佛经。前段时间,我就得到一本由贝若扎那尊者亲手写在大树叶上的佛教论典。虽然年代久远,但上面的字迹依然清晰可辨、完好无损。

现在可能没有人为了学习而抄写经论了,因为没有必要,法本很容易得到。但我刚来时还是抄过的。那时候有很多法本得不到,好容易借到一本,晚上就在煤油灯下抄写。人家要我第二天还,那就连夜抄。像《俱舍论》等很多经论,我都是熬夜抄完的。

现在想想,为了求法,下些功夫甚至苦行是值得的。如果你不下功夫,即使有智慧,也很难成功。如果你肯下功夫,即使智慧一般,也可以成功。

清朝史学家、思想家章学诚小时候记性差,常被同学讥笑,但受《中庸》"人一能之,己百之"的启发,他总是告诫自己要"笨鸟先飞"。结果,在百倍付出、看似迟缓却从不松懈的努力中,默默成就了自己的事业。

因为笨，所以要下更多功夫。那忙呢，是不是就没办法了？忙谁都忙，宋太宗那么忙，但他规定自己每天必须读完三卷《太平御览》。大臣们怕他累，劝他不必看那么多，但他始终坚守这一进度，一年全部读完。所以，忙的人，可以细水长流，持之以恒地下功夫。

在我讲的这些世间公案里，往往以成功、名声、地位和事业为动力，我们学佛的人不希求这些，但自己也得有个目标。当然，我们的目标是成佛度众生，但这件事又谈何容易？如果想获得一点世间成就都要下那么多功夫，那成佛这样漫长而伟大的事业，怎么能不付出努力呢？

我们必须知道，所有成功的背后都一定隐藏着与之相应的付出，世间如此，出世间也如此。

心有疑 随札记
就人问 求确义

心里有了疑惑，要随手记下来，等有机缘时可以向那些有智慧的人请教，以求确切了解。

韩愈说过："人非生而知之者，孰能无惑？"人并不是天生什么都知道，谁能没有疑惑呢？既然有疑惑，就应该通过求学和增长见识来遣除疑惑。对智者而言，向人请教不是件羞愧的事，所以越请教越有智慧。相反，愚者以为请教问题就是显露无知，因而不肯请教，但越是不肯请教就越发无知。

所以，我们在学知识求真理的过程中，有疑惑就要找人请教。其实在智者以及一般大众看来，一个人能够承认自己不知道，是一种相当可贵的品质。

三问三不知

孔子说："知之为知之，不知为不知，是知也。"知道就是知道，不知道就是不知道，这是真正的求知态度。

这种态度，诺贝尔物理学奖得主丁肇中就有。在一次演讲中，有人向丁肇中提了三个问题：

"您觉得人类在太空能找到暗物质和反物质吗？"

他回答说："不知道。"

"您觉得您从事的科学实验有什么经济价值吗？"

他再次回答："不知道。"

"您能不能谈谈物理学未来二十年的发展方向？"

他还是回答："不知道。"

这"三问三不知"，赢得了持久热烈的掌声。如果他说点专业术语、做点猜测，也一样能得到掌声，但他没有，他只是说不知道。作为一名科学家，他身上既体现出严谨的治学态度，也体现出诚恳的为人，确实令人敬佩。

我们应该向这些有德的人学习。要知道，佛法无边，而我们所知甚少，所以，当有人问你佛法的显密知识，而你确实不懂的时候，千万不要用分别念臆造，随便解释，否则，能不能维护面子事小，造下过失事大。

房室清 墙壁净
几案洁 笔砚正

读书学习的房间要保持清洁，墙壁要干净，不能乱涂乱写，书桌要整洁，上面摆放的文具要端正。

清、净、洁、正的室内环境，既能说明一个人的卫生态度，也能折射他的心灵，甚至反映他的整个生活状态。

不管是学佛还是不学佛的人群里，都有爱干净和不爱干净两种人。爱干净的人，你一进他的家就很舒服。而不爱干净的人，什么时候都是乱糟糟的，"不好意思，我没收拾，您坐这儿吧。"扒拉扒拉，可还是没地儿坐。

这不是物质条件的问题，是素质问题。条件再不好，像以前佛学院基本见不到木头房、水泥房，都是草坯房子，简陋是简陋，但干净整洁。

这体现一种修行，心里清净，外面也清净。

不过，屋子干净就可以，不必装饰得太好。我们要记住无垢光尊者的教诫，他在《三十忠告论》里告诉我们："住家之时致力严饰屋，寂静山间寻求圆满福，琐事令自人生虚耗因，断尽诸事即是吾忠告。"

一屋不扫，何以扫天下

东汉的陈蕃学识渊博，以天下为己任，但他从来不收拾屋子。有一天，父亲的老朋友薛勤来到他的独居之处，见院内杂草丛生，又脏又乱，就问陈蕃："你怎么不打扫一下屋子，以招待宾客呢？"

陈蕃回答："大丈夫处世，当扫天下，安事一屋乎！"大丈夫活在世间，要扫的是天下，何必打扫屋子？

薛勤反问："一屋不扫，何以扫天下？"

陈蕃听了无言以对，觉得有道理，从此便开始注意环境卫生，并从身边的小事做起，最终成为一代名臣。

像陈蕃一样，我们这些心怀弘法利生志向的人，也要经常打扫一下自己的屋子。心不可小，环保意识也不可少。环保意识并不是特别提醒某些大团体或大机构，要担负起自身之于自然和人群的责任，而是旨在呼唤人人建立起大局理念，从自己做起。因为，不论我们住在什么地方，都与自然相连。

所以，我们首先要把自己的屋子、院子打扫干净，然后我们就可以说：我的环境已经打扫好了，现在，我还愿意为我们的地球尽一份责任。

能力就是这样提升的，从照应小范围到照应大范围。

可能有佛教徒会说："我都看破世间了，是来修行的，弄这些有什么意义？"

看破了当然好，但是，那些真正看破世间的大成就者也并不是不打扫房间啊。佛教徒的看破，是内心有一种了解世间如幻的智慧，但这并不妨碍我们以清净整洁的外在状态呈现在世人面前。世人有自己的认知习惯，太偏离世俗标准，不要说度化，让一般人生起信心都是很难的。

所以，修行人也要注意形象，就像过去的儒者一样。

作为一代大儒，朱熹每天天不亮就起床，穿戴整齐后来到家庙，在先圣神位前行跪拜礼。之后回到书房，打扫房间，清理几案，把书籍摆放整齐，然后闭目端坐一会儿。从少年到老年，日日如此，从来没有松懈过。

这也让我记起一位老修行人，读小学时，我曾寄宿在他那里两年多时间。我记得，当时他已六七十岁，每天也是很早起床，起床后，一边念咒一边穿衣服，然后就在房间里扫地、洒水。做完这些，便回到床上坐好，开始念诵和禅修。不知为什么，至今我都能想起老人清净的修行身影，以及那个简朴而整洁的小房子。

"一屋不扫，何以扫天下"，不管你是住在城市里的大房子、寂静地方的木屋中，还是悬崖峭壁的茅棚或山洞里，先把环境打扫干净，再修心，心就容易清净。

这是修行常识，佛陀在戒律和事部行部中开示得很清楚。当然，这也可以说是佛教的一种环保意识。

墨磨偏 心不端
字不敬 心先病

如果墨磨偏了，说明我们的心不端正；如果字写得不工整、不恭敬，说明我们的心里有杂念，不专注。

古代都是写毛笔字，写字前要磨墨，把清水倒在砚台上，拿着墨条顺时针磨。记得小时候，老师常讲：磨墨时不能沾到衣服，也不能沾手；在砚台上磨的面积要适度，大了，墨太淡，小了，墨太浓……

古人说："磨墨磨心。"很有道理。

过去藏地有一种铜制的墨水瓶，墨汁磨好后，可以装进瓶里封住，封好了，使用一两年没问题。我在中学和师范都练过藏文字。写藏文的笔是竹子做的，要削，有讲究，用笔头蘸墨，然后写。专门训练过。

字如其人

前两天我翻出了中学的笔记，当时有人说我的字还可以，但现在看很一般，不好看。

我们那时候上中学要考试，不像现在义务教育。小学毕业后，我和几个同学从乡里到区上考试，路挺远，我们都骑着马。

考试的作文题目是"我的理想"，我的字写得比较大、方、正。十一点结束，我听几位监考老师边看卷子边议论："这个字好大啊！"我想那可能是我的卷子。后来我就考上了。

那时候我还是练过字的——不说这些了，没意义。不过，我比较相信"字如其人"，什么人写什么字。

新加坡的许哲女士自己讲过，她在快三十岁时，因为不愿成家，离开故乡跑到香港做清洁工。有一天，她从报纸上看到一则征聘秘书的启事，立即写了封应征信。结果未经面试便被录取了。原来那个德国老板能够因字识人，一看信，知道此人可用，于是让她第二天上班。

我倒不像那个德国老板那样会看，但有时也能大概看出点什么。比如，字太潦草，多半这个人心比较乱；字清晰，说明这个人的思辨能力强。

不过最明显的是态度。平时考试，我都仔细看试卷。有的人可能书读得少，表达不连贯，但写得用心。有的人是在浪费纸，每个问题敷衍几个字，看了就不舒服，没准备何必来考？而有些特别认真，字错了，用涂改液涂掉，改好；再错，再改，很认真。就像过去老喇嘛抄经，一个字写错，整页纸换掉，重抄。我很看重这种态度。

我还看到这样一则故事：有个县长要找秘书，从全县的语文老师里挑出两位——梁老师和朱老师。县长把一篇讲话稿给他们，让他们整理。文章写完，他看了看，都很好。不同的是，梁老师通篇用了四种字体，标题、正文、小标题、署名，字都不一样。而朱老师一律正楷。

县长录用了朱老师。原因很简单，他这里都是政府公文，没必要用那么多字体。再说，朱老师不炫耀，一种字体写完，应该是个踏实肯干的人。事实证明，朱老师后来非常胜任，多少年如一日，心很稳定。

总之，"字如其人"是不会错的。有一次，唐穆宗看大书法家柳公权写字，赞叹不已："你字写得这么好，有何秘诀？"柳公权回答："用笔在心，心正则笔正。"

我们现在写字的机会不多，有的话，即使只是写一张便条，也要先把心调好，然后把字写工整，这样至少可以向人传递一份恭敬的态度。

> 列典籍 有定处
> 读看毕 还原处

在书架上摆放各类典籍，要有固定的位置。如果取下一本阅读，读完之后，要放回原处。

读完后放回原处，这是好习惯。但我做得不好，每次拿一本，再拿一本，结果弄得满屋子都是书。后来要放回去，又找不着原来的地方，只好随意放，等以后再规整。其实就是个习惯问题，从小养成好习惯，拿一本看一本，看完立即放回原处，就省心多了。

我的书不少，其中有一部分是每次出去顺便买回来的。我也不需要买衣服或其他什么，就是喜欢买书。很多当时觉得是好书，但买回来又没时间看，有些十几年前买的，都没看过一次。挺浪费的。

前段时间我去炉霍一所寺院，有位格西请我吃饭。我一进他的屋子，里面确实是清、净、洁、正，感觉很舒服。他有间书房，全是书，排得整整齐齐。书桌旁的小架上只有几函，是藏文书，长条的那种。我当时就赞叹说"你的书房真舒服，我都想在这里看书。"

现在回想，他应该是有这种好习惯：看完放回原处。

要敬书，也要看书

这种对待书的方式，既有条理，又恭敬。

司马光每次读书，都要把书桌擦得干干净净，手洗净，铺好桌布，然后才取出书，打开阅读。每次翻页时，他都是用右手的拇指贴着页边，再用食指轻轻帮助翻动。如果要带着书出门或散步，他就用木板托着，不敢用手捧，怕手上的汗染污到书。他有上万卷书，而且每日翻阅，但读了几十年，书还是崭新的。

藏地人敬书也是有传统的，尤其是对佛教典籍，特别恭敬。出家人甚至在家人，都知道佛陀的教法就留在这些文字中，而这些文字跟佛陀没有差别。所以他们会把经书法本都摆放在高处，然后在前面供灯、供水、供花。

恭敬才能得到利益，这是一种缘起。

当然，光是恭敬也不行，还要看。如果是增长贪嗔痴的书，不看最好，但佛法书籍从来都是对治这些的，有价值，应该看。

这几年我翻译的书、传法的讲记，都是免费送给别人的。我的每堂课，都是依据佛教的教证公案和世人的可靠观点来讲的。让你课堂上一个字一个字记下来，很困难，但讲记做好后，要看。看了以后，课上没听仔细、没听懂的，会明白的。

做本书不容易，"台上一分钟，台下十年功"，我讲一堂课时间不长，但之后还要花很多时间整理、校对、付印，很多人都在付出。要对得起这些付出。

做书不易得书易，但越容易得到就越不珍惜，这也是一种规律。以前在藏地，谁手里有一本《大圆满前行》，大家都非常羡慕："他竟然有《大圆满前行》！"然后争相借来抄。对法、对法本都是那么渴求。但现在太方便了，再殊胜的法本很轻松就能得到。

所以，我们既要敬书，也要看书。

虽有急 卷束齐
有缺坏 就补之

读书过程中,如果遇到急事,也要把书合好、放回原处,再去办事。书如果有了缺损,要把它补好。

读书读到哪儿,在页脚折一下作为标记,是不太恭敬的做法,至少读佛经时是不允许这样的。不说佛经,就算一本普通的书,也最好是夹张书签。

在纸发明之前,书是竹简做的,用牛皮绳穿起来,所以看完后要卷起来捆好。一旦有了缺损,就要把它补齐,以保持完整。

孔子晚年读《易经》,因为每天一遍遍翻阅,牛皮绳很容易磨断。磨断了,就换条新的,又断了,再换条新的,断了三次,换了三次,这就是"韦编三绝"的由来。

最终,孔子将自己对《易经》的研究心得,写成十篇文章,名为《十翼》。后人将《十翼》附在《易经》后面,作为《易经》的补充。

终身携带一两本书

有些书看过就可以,但有些书值得终身研读。

我从一本传记中看到,二十世纪五十年代,有位格西总是随身带一本厚厚的《菩提道次第广论》,走到哪儿看到哪儿,书页磨破了,就用纸粘补好。还有位宁玛巴上师出国要经过海关,行前将《入菩萨行论》和《大圆满前行》一页一页缝在衣服里,最终顺利过关。事后他对人说:"我当时的想法是,人被抓了没事,书千万不能拿走。"

过去的大德就是这样,视书如命,他们把财物、名声、地位看得很轻,唯独书是最要紧的,一刻不能离开。

也许正是这种爱惜法本的态度,使得书中的智慧自然融入他们心里。相反,今天的书多,物质诱惑也多,于是很多人将书当做一般物品,再好的书也不会觉得珍贵,说不定还嫌碍眼,总想处理掉。可能这也是今人很难生起古人那种智慧的原因。

在藏地,很多修行人会终身携带一两本书作为修行指导,就像刚才那两位大德一样,几乎可以称得上是一种传统。

我们也可以做到。我看到有些道友的课诵集黑乎乎的,边也磨破了,可能是念得太久——每天念,每天翻,对书有感情,到哪儿都带着,这是好事。不知道为什么,我觉得这样的书有一种特别的加持力。如果太新,好像从来没翻过,就是另外一种感觉了。

终身携带一两本书,这个做法值得借鉴。应该把你最想修行的法、你最重视的书,选一两本,带在身边,终生不离。

非圣书 屏勿视
蔽聪明 坏心志

不是讲述圣贤言行、为人处世道理的书,就不要看,因为这类文字会遮蔽我们的聪明智慧，败坏心志。

还是要记住那句教言："非礼勿视，非礼勿听，非礼勿言，非礼勿动。"外面的世界充满诱惑，你不接触它，它不会影响你，但如果你去看、去听、去说、去接触，它就会顺着你的感官进入心里，继而改变你的思维和行为方式，甚至让你失去善良和智慧。

凡夫最容易随境而转，所以，对一个想完善自我的人来讲，心没有得到自在之前，要尽量让自己处在一种遍布道德和正义的气氛里，这样就可以在环境熏染和自我努力中长养善心。佛教认为，身体是有极限的，但心却可以通过恰当训练，达到非常完美的境界。

可是，有多少人愿意做这种训练呢？世间大多数人都希望借由物质发展获得内心的满足，但结果是，除了被物质控制以外，从来没有满足过；更有甚者，被物欲带入歧途，坠入深渊。

所以，在整个人类都追逐物欲的今天，有远见的父母不妨让自己和孩子多关注内心层面的发展，不要太跟随外境流转，这样才是健康和快乐之道。

其实智者们早就看到，幸福更多的不是因为物质，而是内心；幸福不是由不择手段的恶业导致的，而是善业。因此，在我们给自己和下一代规划人生、制定物质目标的同时，最好也能制定一些道德目标。

此外，最要注意的是，那些不良视频或网络游戏是千万不能碰的，否则，就算你本来怀有良善愿望和远大志向，也会被慢慢销蚀掉。

有些东西不能看

过去民间有种说法:"少不读水浒,老不读三国,男不读红楼,女不读西厢。"

为什么呢?《水浒传》讲所谓"替天行道",大块吃肉、大碗喝酒,少年人看了会模仿。《三国演义》处处都是权谋智巧,老年人得失心本来就重,看了之后也会跟着算来算去。男人读《红楼梦》多半会向往,而女人读过《西厢记》,可能就不太容易安分。

确实,有些东西不能看。懂得防微杜渐,不用费多大力气,功效就很大。否则等到把不该看的看了,铸成大错时,就很难补救了。康熙都要求他的子孙二十岁前不看小说,担心他们被虚构、夸张的描写所引诱。因此,家长们要多注意。

以前我有一位老师,女儿读中学时,他看到她每天异常精进地看书,特别欢喜,觉得家里有希望了。有一次,等女儿出门,他去翻了一下她的功课,结果里面是一本小说。他对我们说:"我之前没看过这种小说,一看,那个内容太不好了。你们以后千万不要看这种小说,看了这种小说,整个人就完蛋了!"

现在有很多内容恶劣的媒介,不只是小说,什么都有。在这个什么都有的时代里,要求每一个人什么都不看,是不现实的。但有些人学佛以后,每天学法、修心,不仅不看这些东西,连电视、报纸都很少看了。我觉得这样很好。除非你有弘法利生的责任,要关心国事、增广见闻,否则,能够享受这种清净生活,是非常幸运的。

我一直认为,学佛意味着新生,像有些人学了《入菩萨行论》《开启修心门扉》以后,看待生命的方式彻底改观,人生发生了巨大转变,这就是佛法的力量。然而,与之相反的情形也经常上演，有的人很年轻就出家了，但偶尔看了一张不健康的光碟，就无心闻思，然后还俗了。

这种事跟前世的因也有关，但确实是光碟这个缘，把他一生都毁了。所以，佛学院严禁这类不健康的东西。

> 勿自暴 勿自弃
> 圣与贤 可驯致

不要自暴自弃。我们要相信，圣者贤者的境界虽高，也可以通过努力渐渐达到。

大乘佛教认为，每一个众生都有佛性，只要你遵循适合自己的修行法门，就可以成佛。而在儒教的修行里，只要你信守仁义、遵循礼义，也可以成圣成贤。

孟子说过："自暴者，不可与有言也；自弃者，不可与有为也。"一说话就诋毁礼义叫自暴，是自己糟蹋自己，和这种人没什么好说的；自以为不能居于仁、行持义叫自弃，是自己抛弃自己，和这种人没什么好做的。

不应自退怯

"像我这样的人怎么能修行呢？""我怎么可能成圣成贤？"这就是自暴自弃。

圣贤也是人，谁都可以有这种志向。所谓"三军可夺帅也，匹夫不可夺志也"。一个军队的主帅可以被夺去,但一个再平凡普通的人,他的志向也不能被夺走。

而且我们要相信,只要坚持,再高的境界也能达到。

荀子说:"骐骥一跃,不能十步;驽马十驾,功在不舍。"骏马跳跃一次,也不可能出去十步远;劣马拉车走十天,也能走出很远的路程。关键在于坚持不懈。

王羲之在习字过程中,曾经一度因为众人的赞叹而自鸣得意。有一天,他到一家饺子馆吃饺子,发现这里的饺子是从墙那边一个个扔过来,掉进锅里的。在好奇心驱使下,他来到墙后,一看,原来是位老太太,包一个,就头也不抬地扔过墙去,却没有一个掉在锅外。

王羲之问老太太:"请问您有何窍诀?"

老太太回答:"没啥,熟练罢了。"

王羲之听后,知道自己的字远未达到如此熟练程度,于是更加精进地练字,终成一代大师。

同样,只要我们遵循正确方法精进不舍地修行,就一定可以成圣成贤,成就佛菩萨果位。

《入菩萨行论》云:"不应自退怯,谓我不能觉。"我们在修行这条路上,不应该自我退缩和怯懦,认为"我怎么可能觉悟呢",不必顾虑。佛陀一再告诉我们:一切众生,即使如蚊虻、蜜蜂、蛆虫,如果它能发起精进力,也都可以证得无上正觉的果位。更何况,我们生而为人,明辨利害,如果修行不退,为什么不能成佛呢?

所以,我们要相信自己,"不应自退怯"。

结语

《弟子规》至此圆满了。

这部论典的加持力,我想诸位都感受到了。我一直觉得,本论能让过去、现在这么多人学习并受其影响,如果不是圣者的愿力所致,很难想象。我学过很多讲授如何做人的教言,但像《弟子规》这么简单、扼要、普世的论典,确实不多。

我一向重视人格建设。而作为佛教徒,我也认为,有一种次第很难逾越——先做一个好人,然后做一个好佛教徒,最后成为一个大成就者。试想,如果小学还没毕业,怎么做博士呢?所以,不管是初入佛门还是久修佛法,我都建议大家:先学做人,在这个基础上再好好修行。

什么是修行?心怀弘扬佛法、利益众生的志向,把握好当下的每一个取舍,就是修行。

能这样修行的人,大可不必在意自己的未来:我老了怎么办?我生病怎么办?我失去亲人怎么办?……不要顾虑这些。佛法告诉我们,一切都是无常的,人生不可能那么圆满。与其把时间浪费在无益的思虑上面,不如踏踏实实地做人、修行,然后弘法利生。

正如我在各种场合常常讲到的，我强调人格教育，源于上师如意宝的传统。在我的印象中，上师每年都会讲做人的道理，要么专讲一部论，要么课前开示。正因为上师的强调和提携，他的弟子才会在社会各个角落与各层次人士交往时，受到普遍赞叹。其实上师本人就是最好的典范。记得上师去世界各地弘法时，为了达成良好的沟通效果，每到一处，都会向当地人打听：你们这里有什么风俗，有什么讲究、忌讳或规矩……

我们要记住，世间和出世间是相通的。真正的大乘修行人知道：全面学习各类知识，不仅无损于自身的境界，还会提升自己利益众生的能力。

所以，这部《弟子规》值得任何人学习：小孩子应该学，成年人也应该学；一般大众应该学，佛教徒也应该学。这也是本书的目的。

开头我说过，讲《弟子规》我没有传承，因此，有讲错的地方请大家慈悲指正，有值得借鉴的地方，也与大家分享。

最后，将所有讲解和听闻的善根做个回向，愿一切众生离苦得乐。

〔全书完〕

在加拿大尼亚加拉大瀑布，天现彩虹。

在澳大利亚悉尼海边，见海天一色，悟内外一味。

漫谈弟子规

述著_索达吉堪布

产品经理_来佳音　装帧设计_余雷　技术编辑_丁占旭
责任印制_梁拥军　出品人_曹俊然

果麦
www.guomai.cn

以 微 小 的 力 量 推 动 文 明

图书在版编目（CIP）数据

漫谈弟子规 / 索达吉堪布述著. — 西安 : 三秦出版社，2015.11（2024.10重印）
ISBN 978-7-5518-0163-8

Ⅰ. ①漫… Ⅱ. ①索… Ⅲ. ①古汉语-启蒙读物 ②《弟子规》-研究 Ⅳ. ①H194.1

中国版本图书馆CIP数据核字(2014)第286569号

漫谈弟子规

索达吉堪布 述著

出版发行	三秦出版社
社　　址	西安市雁塔区曲江新区登高路1388号
电　　话	(029) 81205236
邮政编码	710061
印　　刷	捷鹰印刷（天津）有限公司
开　　本	880mm×1230mm　1/32
印　　张	10.75
字　　数	250千字
版　　次	2015年11月第 1 版
印　　次	2024年10月第 6 次印刷
印　　数	102 001—105 000
标准书号	ISBN 978-7-5518-0163-8
定　　价	39.00元

网　　址　http://www.sqcbs.cn
如发现印装质量问题，影响阅读，请联系021-64386496调换。